Rund um Salzburg

Sepp Brandl

Rund um Salzburg

50 ausgewählte Berg- und Talwanderungen, dazu 50 Kurzwanderungen
und vier mehrtägige Rundtouren im Tennengau und Flachgau sowie im
angrenzenden Berchtesgadener Land

Mit 64 Farbfotos, 50 Wanderkärtchen im Maßstab 1: 50 000 sowie
einer Übersichtskarte im Maßstab 1: 250 000

BERGVERLAG RUDOLF ROTHER GMBH · MÜNCHEN

Umschlagbild:
An der alten Poschenhütte auf der Genneralm.
Bild gegenüber dem Titel (Seite 2):
Im Mirabellgarten, die Festung Hohensalzburg im Hintergrund.
Alle Fotos von Sepp Brandl.

Kartographie:
Wanderkärtchen im Maßstab 1: 50 000 sowie Übersichtskarte im
Maßstab 1: 250 000 © Freytag & Berndt, Wien; der Kartenausschnitt zu
Tour 50 wurde mit Genehmigungsnr. 624/97 vom 24.2.97 der
topographischen Karte 1: 50 000 Umgebungskarte Berchtesgadener
Alpen (UK L 4) des Bayerischen Landesvermessungsamtes entnommen.

1. Auflage 1997
© Bergverlag Rudolf Rother GmbH, München
ISBN 3-7633-4243-5

Druck und Bindung Rother Druck GmbH, München (61139)

Vorwort

Gäste aus aller Welt besuchen jährlich die Mozartstadt Salzburg, begeistern sich nicht nur an den weltbekannten Festspielen, sondern bewundern auch die städtebaulichen und kulturhistorischen Sehenswürdigkeiten zwischen Festung Hohensalzburg und Schloß Mirabell mit den alten Bürgerhäusern der Innenstadt, wie etwa die Getreidegasse mit Mozarts Geburtshaus, die großartigen Sakralbauten im Fürsten-, Mönchs- und Kaiviertel sowie die Schlösser im Randbereich der Stadt. Kann angesichts eines derartigen Superangebots überhaupt noch etwas anderes konkurrieren und den Menschen vor die Tore der Stadt locken?

Die Antwort scheint der berühmte Forscher und Weltreisende Alexander von Humboldt schon vor rund 200 Jahren gegeben zu haben, als er die Gegend von Salzburg unter die drei schönsten der Erde einreihte. So ist es denn auch verständlich, daß nicht nur die Salzburger, sondern auch zahlreiche ausländische Gäste in das herrliche Umland ausschwärmen, um die Kultur- und Naturdenkmäler, Landschafts- und Naturschutzgebiete des Flach- und Tennengaues kennenzulernen. Vieles davon spüren die 50 Tagestouren und Kurzwanderungen dieses Büchleins auf, manches ist unter den Stichworten »Talorte« und »Ausflugsziele« zusätzlich aufgelistet, vieles fehlt, denn es würde den Rahmen dieses Führers sprengen.

Zum vorgestellten Wandergebiet zählt auch der Randbereich des benachbarten Berchtesgadener Landes, das seit Jahrhunderten mit Salzburg im sogenannten Rupertiwinkel (St. Rupert, 690–710, erster Bischof von Salzburg) einen einheitlichen Kulturraum bildet, Brauchtum, Volksmusik und -gesang als gemeinsames Erbe pflegt und darüber hinaus auf verschiedenen Ebenen zusammenarbeitet. Untersberg und Hagengebirge säumen den Landstrich um Salzburg im Westen, das Tennengebirge schirmt ihn nach Süden ab, die waldreichen Berge der Osterhorngruppe flankieren den Osten und bilden zusammen mit den anderen drei Gebirgszüge ein nach Norden offenes Hufeisen, das im Laufe der Erdgeschichte von Salzach und Lammer ausgeformt wurde. Im nördlichen Alpenvorland breitet sich eine ausgedehnte Seenplatte hin.

Das Wandergebiet »Rund um Salzburg« reicht von den Flußauen über blumenreiche Matten bis ins karstige Hochgebirge und von sonnigen Seen bis in düstere Flußklammen und Höhlen. Dabei trifft man verschiedentlich auf jahrhunderte-, nein jahrtausendealte Spuren des Salzes, das dem Menschen dieser Gegend seit jeher Auskommen und Wohlstand beschert hat.

Es ist dem Menschen unserer Zeit zu wünschen, daß er das »Salz« in dieser großartigen Landschaft zu entdecken vermag, daß er es als wertvollen Schatz erkennen und seine Eigenart und Schönheit erhalten kann.

Niederndorf, im Frühjahr 1997   Sepp Brandl

Inhaltsverzeichnis

Tourengebiet St. Koloman

Tourengebiet Kuchl – Golling – Scheffau

Tourengebiet Abtenau

Tourengebiet Rußbach

Tourengebiet Berchtesgadener Land – Grödig

Touristische Hinweise

Zum Gebrauch des Führers

Das Inhaltsverzeichnis informiert über den Aufbau des Buches und gibt einen Überblick über die in elf Tourengebiete untergliederten 50 Wandervorschläge. In jedem einzelnen erhält der Leser alle Informationen, die für die Durchführung der Tour wichtig sind. Eine genaue Charakteristik und Routenbeschreibung der Wanderwege, die durch eine Karte im Maßstab 1:50 000 mit eingezeichnetem Routenverlauf ergänzt wird, macht weiteres Karten- und Informationsmaterial überflüssig. Allerdings sind die bei vielen Touren angebotenen Varianten in den Kärtchen oft nur unvollständig enthalten, deswegen werden die Wanderkarten 391 »Mattsee, Wallersee, Irrsee, Fuschl, Mondsee«, 392 »Tennengebirge, Lammertal, Gosaukamm« und 102 »Untersberg, Eisriesenwelt, Königssee« von Freytag & Berndt zur Ergänzung empfohlen. 50 Kurzwanderungen und Vorschläge für vier mehrtägige Rundtouren ergänzen das »Hauptmenü« und sind mit allen wichtigen Angaben im Anhang dieses Führers zusammengestellt.

Um unnötige Wiederholungen zu vermeiden, aber auch um ein Angebot für Schlechtwettertage vorzufinden, werden die einzelnen Talorte und zahlreiche Ausflugsziele in alphabetischer Reihenfolge vorgestellt. Das abschlie-

Beim Abstieg vom Elferstein (Tour 11): Luftige Felsnase über dem Wolfgangsee.

Gipfelrast am Schober über dem Fuschlsee (Tour 8).

ßende Stichwortverzeichnis soll als Nachschlagehilfe dienen; es beinhaltet alle wichtigen geografischen Punkte der einzelnen Wanderungen. Auf Seite 13 und auf der letzten Umschlagseite geben Übersichtskärtchen die Lage der 50 Wandervorschläge dieses Führers wieder und erleichtern die Orientierung bei der Anreise.

Anforderungen

Die meisten Wanderungen verlaufen – soweit nicht gesondert vermerkt – auf gut markierten und instand gehaltenen Wegen und Steigen. Dies sollte jedoch nicht darüber hinwegtäuschen, daß manche Stellen Trittsicherheit und Schwindelfreiheit erfordern. Außerdem ist zu beachten, daß die Touren im Frühsommer und Herbst sowie nach längerer Schlechtwetterperiode erhöhte Schwierigkeiten aufweisen können. Um die jeweiligen Anforderungen besser einschätzen und vergleichen zu können, wurden die Nummern der einzelnen Tourenvorschläge mit verschiedenen Farben markiert. Es sei darauf hingewiesen, daß die Übergänge zwischen den einzelnen Schwierigkeiten bzw. Farben fließend sind und daß eine eindeutige Zuordnung nicht immer möglich ist; sie beziehen sich immer auf die schwierigste Stelle einer Tour, bei einigen Wanderungen außerdem nur auf ein Teilziel. Die Farben geben keine Auskunft über die physischen, sondern nur über die technischen Schwierigkeiten einer Tour. Dabei erklären sie sich wie folgt:

BLAU
Der Weg ist gut und lückenlos markiert, ausreichend breit und meist nur mäßig steil, daher auch bei Schlechtwetter relativ gefahrlos zu begehen. Diese Wege können auch von Kindern und älteren Leuten unter normalen Bedingungen ohne große Gefahr bewältigt werden.

ROT
Diese Steige sind ausreichend markiert, überwiegend aber schmal und über kurze Abschnitte etwas ausgesetzt. Kurze Strecken dieser Steige können mit Drahtseilen abgesichert sein und sollten daher nur von trittsicheren, mit entsprechender Ausrüstung ausgestatteten Bergwanderern begangen werden.

SCHWARZ
Diese Steige sind ebenfalls ausreichend markiert, aber schmal und über weite Abschnitte steil angelegt. Stellenweise können sie sehr ausgesetzt sein, manchmal wird die Zuhilfenahme der Hände notwendig. Dies bedeutet, daß diese Wege nur von schwindelfreien, absolut trittsicheren, konditionsstarken und alpin erfahrenen Wanderern angegangen werden sollten.

Gefahren
Obwohl die meisten Wanderungen dieses Führers Wegen oder Straßen folgen und die Routen im Jahr vor Drucklegung – soweit nichts Gegenteiliges vermerkt ist – gut markiert waren, ist an einigen abrutschgefährdeten Stellen, bei Querung von Steilhängen oder hartgefrorenen Altschneefeldern sowie im steinschlaggefährdeten Gelände erhöhte Vorsicht am Platze. Verschlechtert sich das Wetter auf einer Tour deutlich, so ist Mut zur Umkehr erforderlich. Bei unzureichendem Trainingszustand sollte man an die im Anhang aufgelisteten Kurzwanderungen denken oder sich mit einem Teilziel zufriedengeben, wie es bei fast allen Wandervorschlägen zu finden ist.

Ausrüstung
Feste Schuhe, eine der Witterung angepaßte Kleidung, Rucksack mit Pullover, Mütze, Anorak, Regen- und Sonnenschutz, Proviant und reichlich Flüssigkeit (kein Alkohol!) sowie Verbandszeug werden zur Mitnahme empfohlen.

Gehzeiten
Die zu den einzelnen Teilstrecken angegebenen Gehzeiten sind reichlich bemessen, sie liegen unter 400 Höhenmeter pro Stunde, beinhalten aber nicht die Rast- und Fotopausen.

Einkehrmöglichkeiten
Die auf den Wanderrouten gelegenen Gasthäuser, Jausenstationen, bewirtschafteten Almen und Schutzhütten alpiner Vereine werden mit Betten- und

Kloster Höglwörth mit See (Tour 50).

Lagerzahl sowie Öffnungszeiten und Telefonnummern (österreichisches Telefonnetz, soweit nicht gesondert vermerkt) unter dem Stichwort »Einkehrmöglichkeiten« im jeweiligen Tourensteckbrief gesondert aufgeführt.

Verkehrswege und Verkehrsmittel
Ins Wandergebiet rund um Salzburg führt von München und Wien ein gut ausgebautes Schienen- und Straßennetz. Darüber hinaus ist Salzburg mit eigenem Flughafen mit der ganzen Welt verbunden. Wer auf öffentliche Verkehrsmittel angewiesen ist, erreicht durch die Bahn, die Bundesbusse (BB) und einige regionale Linien beachtliche Beweglichkeit. Die BB-Linien sind in den Regionalfahrplänen S1 (Zentralraum Salzburg) und S2 (Tennengau, Pongau, Lungau) enthalten und über die Bundesbus-Geschäftsstelle, Biberstraße 5, A-1010 Wien gegen Gebühr erhältlich.

Bergbahnen
Bei einigen Touren wurden Bergbahnen als »Aufstiegshilfen« vorgeschlagen; die meisten verkehren nur in der Hauptsaison, etwa Juni mit September, manche auch im Mai und Oktober. Aus aktuellem Anlaß ändern Bergbahnen kurzfristig ihre Betriebszeiten. Um sich danach erkundigen zu können, sind deren Telefonnummern angegeben.

Parkmöglichkeiten
Von Jahr zu Jahr wird die Parkplatzfrage zu einem größeren Problem. An manchen Ausgangspunkten kann nur auf Privatgrund geparkt werden, worauf bei den betreffenden Touren auch hingewiesen wird. Um niemand zu

behindern oder zu belästigen, sollte es in diesen Fällen selbstverständlich sein, um Parkerlaubnis zu bitten; man findet meist großes Entgegenkommen.

Radwandern und Bergradeln

Selten kann eine Gegend ein so reiches Angebot an Radwegen und Routen für Bergradler vorweisen wie das Wandergebiet »Rund um Salzburg«. Auch der beliebte Tauernradweg entlang der Salzach zählt dazu. Es würde aber den Rahmen dieses Führers sprengen, darauf näher einzugehen. Spezielle Angebote für Bergradler ergeben sich aus den Zufahrtsstraßen zu hochgelegenen Ausgangszielen, wie sie in den Tourensteckbriefen kurz skizziert sind.

9 Tips für Bergwanderer

■ Mit Rücksicht auf die Umwelt in Gruppen oder mit öffentlichen Verkehrsmitteln anreisen.

■ Platzsparend und rücksichtsvoll parken, ggf. um Erlaubnis bitten.

■ Markierte Wege nicht verlassen, Gatter schließen, an Zäunen den Durchschlupf oder die »Hühnerleiter« benutzen. Keine Steine ablassen.

■ Allen Abfall wieder ins Tal mitnehmen.

■ Auf Alpenblumen und -tiere Rücksicht nehmen und sie schützen.

■ Sonnseitige Touren frühzeitig beginnen und genügend Flüssigkeit mitnehmen (kein Alkohol!), kurze Rast nach 2 Stunden einlegen.

■ Wettervorhersagen und aktuelle Wetterentwicklung beachten und ggf. rechtzeitig umkehren. Im ORF 2 erhält man täglich von 6.00 – 7.00 Uhr das neueste Satellitenbild mit Wettervorhersage, von 7.00 – 9.00 Uhr das »Wetterpanorama« und im ORF-TEXT ganztags die stündlich aktualisierten Wetterwerte und die Wettervorhersage (Tafel 254 für Salzburg und Oberösterreich, 258 Bergwetter, 260 Sechs-Tage-Prognose). Im Bay. Fernsehen werden tägl. vor 8.00 Uhr und vor 10.00 Uhr die »Panoramabilder« ausgestrahlt.

■ Sich nicht überfordern, bei gleichmäßigem Tempo nicht an der Leistungsgrenze gehen. Skistöcke sind auch auf einer Wanderung, vor allem bergab, eine wertvolle Hilfe.

■ Im Quartier das geplante Tourenziel angeben.

Abkürzungen und Symbole:

AV	=	Alpenverein	L.	=	Lager
B.	=	Betten	m	=	Meter
BB	=	Bundesbus	ÖTK	=	Österr.Touristenklub
bew.	=	bewirtschaftet	S.	=	Schwierigkeitsangabe
»G«	=	gebührenpflichtig	Std.	=	Stunden
ganzj.	=	ganzjährig	TVN	=	Naturfreunde
Hm	=	Höhenmeter	Ww.	=	Wegweiser
km	=	Kilometer	☎	=	Telefon

13

Talorte von A – Z

A - 5441 Abtenau, 714 m

Marktgemeinde auf der Nordseite des Tennengebirges, durch die B 162 an die Tauernautobahn bei Golling angebunden, BB-Haltestelle, FVV ✆ 06243 / 229 30, Fax 229 320. Schöne, zweischiffige, gotische Pfarrkirche mit barocker Innenausstattung, geheiztes Freibad, Karkogellift mit Sommerrodelbahn und Startplatz für Paragleiter, Mountainbiking, Wanderwegenetz im Sommer (300 km) und Winter, Skipisten und Langlaufloipen (80 km), Eislauf, Rodeln, Eisstockschießen, Fitnesscenter, Reiten, Tennis, Kegeln.

A - 5421 Adnet, 482 m

Erholungsdorf südlich von Salzburg (18 km), Anbindung an die Tauernautobahn bei Hallein (4 km), FVV ✆ 06245 / 806 25, Fax 840 041 33. Marmorbrüche mit Versteinerungen, Marmorlehrpfad und -museum, Adneter Moor, Sportzentrum (Asphaltbahnen, Leichtathletik, Tennis, Minigolf), Hallenbad, Freibad Wiestalstausee, Langlaufloipe, Naturrodelbahn, Eisstockbahnen.

Am Marktplatz von Abtenau, am Fuß des Tennengebirges.

Bürgerhäuser am Stadtplatz von Hallein, dem Zentrum des Tennengaus.

A - 5081 Anif, 439 m
Südl. Vorort von Salzburg, siehe dortselbst. FVV ℂ 06246 / 723 65, Fax 743 25 22.

A - 5422 Bad Dürrnberg, 771 m
Siehe Hallein!

D - 83463 Berchtesgaden, 573 m – Berchtesgadener Land
Mit den Gemeinden Berchtesgaden, Bischofswiesen, Marktschellenberg, Ramsau und Schönau. Direkte Bahnlinie München – Berchtesgaden, Anbindung an Autobahn A 8 München–Salzburg bei Bad Reichenhall, an die Tauernautobahn bei Salzburg-Süd sowie an die Deutsche Alpenstraße. Kurdirektion ℂ 08652 / 96 70, Fax 633 00. Sportzentrum, Freibäder, Bergsport- und spezielle Kinderprogramme, 240 km Sommer- und 120 km Winterwanderwege, 61 km Loipen, alpiner Skilauf (54 km), Naturrodelbahnen, Eisstock- und Asphaltbahnen, Tennis, Golf, Rafting, Kajak, Mountainbiking, Ballonfahren, Kurmöglichkeiten.

A - 5323 Ebenau, 621 m
Erholungsort im Flachgau östlich von Salzburg, »Dorf der alten Mühlen«, Dorfkirche und Heimatmuseum (geöffnet 15.6.–15.8., Di., Do. 10.00 – 12.00 Uhr), Kneippanlage, Naturbad, FVV ℂ 06221 / 80 55, Fax 81 50.

A - 5061 Elsbethen-Glasenbach, 430 m
Ortsgemeinde und südlicher Vorort von Salzburg, FVV ✆ 0662 / 628 891.

A - 5324 Faistenau, 786 m
Erholungsdorf in einem sonnigen Nebental am Rand des Salzkammergutes, Anbindung an die Bundesstraße von Salzburg (23 km) ins Salzkammergut und die Westautobahn über Hof bei Salzburg und Thalgau, FVV ✆ 06228 / 23 14, Fax 2698. Gliederung in acht Ortsteile, schöne Kirche und 1000jährige Linde am Dorfplatz, Hotelhallenbad, Naturbad am Hintersee, Tennis, Rad- und Wanderwegenetz, 55 km Langlaufloipen und mehrere Schlepplifte im Ortsgebiet, Rodeln, Eisstockschießen.

A - 5330 Fuschl am See, 670 m
Erholungsort am Fuschlsee (Salzkammergut), Anbindung an Westautobahn Ausfahrt Thalgau, etwa stündliche Busverbindungen nach Salzburg und Bad Ischl, FVV ✆ 06226 / 250, Fax 650. Baden, Segeln, Surfen, Tennis, Golf, Wandern und Radwandern, Sommerrodelbahn.

A - 5440 Golling an der Salzach, 481 m
Marktflecken mit zentraler Verkehrslage im Salzachtal (25 km von Salzburg, Bus- und Schnellzugstation sowie direkter Anschluß an die Tauernautobahn), FVV ✆ 06244 / 43 56, Fax 77 66. Marktplatz mit schönen Bürgerhausfassaden, spätgotische Pfarrkirche im Salzburger Stil, Burganlage aus dem Mittelalter mit sehenswertem Innenhof und Heimatmuseum (geöffnet Juni – Sept. Mi., Sa., So. 9.00 – 12.00 Uhr), Egelsee (Seerosenteich 5 Min. vom Ortszentrum), Hallen- und Freibad, Tennis, Minigolf, Asphaltstockbahnen, Bücherei, über 150 km Wanderwege, Klettergarten am Paß Lueg, Drachenfliegen und Paragleiten, Radwanderwege (Tauernradweg und Mountainbiking), Kajak, Rafting, Camping, Bauernmarkt am 1. Freitag im Monat.

A - 5083 Grödig/St. Leonhard, 446 m
Marktgemeinde mit fünf Ortschaften am Fuß des Untersberges und Vorort von Salzburg (8 km), direkte Anbindung an die Tauernautobahn, Bushaltestelle, FVV ✆ 06246 / 735 70, Fax 747 95. Untersberg-Seilbahn in St. Leonhard, Skiabfahrt, Naturpark Untersberg, Heimathaus, Untersbergmuseum und Kugelmühle in Fürstenbrunn (Do., Sa., So. 13.00 -18.00 Uhr, Mi. 14.00 – 20.00 Uhr), Tennis-Center, Asphaltstockbahn, Rafting, Paragleiten.

A - 5400 Hallein, 445 m
750 Jahre alte Stadt im Salzachtal vor den Toren Salzburgs, uraltes Sied-

Beim Aperschnalzen im Rupertiwinkel.

lungsgebiet der Kelten am Dürrnberg, Bus- und Schnellzugstation sowie direkter Anschluß an die Tauernautobahn, FVV ✆ 06245 / 853 94, Fax 8518513. Salinenstadt und industrielles Zentrum Salzburgs, Hauptort des Tennengaues, jahrhundertealte Bürgerhäuser in der Altstadt (typischer Inn-Salzach-Stadtbaustil) – bedeutende klassizistische Saalkirche Österreichs und Museum mit Grabstätte von F.X. Gruber (Komponist von »Stille Nacht«), Wallfahrtskirche, Kelten-Freilichtschau, Keltenlehrpfad, Solehallenbad, Bergbaumuseum und Schau-Salzbergwerk in Dürrnberg (ganzj. geöffnet, Führungen über 1½ Std., Auffahrt mit Salzbergbahn oder Pkw), berühmtes Keltenmuseum (Pflegerplatz 5, geöffnet Mai – Okt.) mit einmaliger Sammlung von Funden zwischen 1200 und 800 v. Chr., Kurhäuser, Halleiner Glashütte, Bindereimuseum beim Hofbräu Kaltenhausen, Abenteuerspielplatz in Gamp, Freibad, Golf, Minigolf, Tennis, Kegeln, Radwandern, Rafting, Skigebiet am Zinkenkogel (Dürrnberg), Camping, Bauernmarkt am Samstag.

A - 5324 Hintersee, 746 m
Erholungsdorf in einem waldreichen, ruhigen Seitental am Rande des Salzkammergutes, Anbindung an die Bundesstraße von Salzburg (30 km) ins Salzkammergut und die Westautobahn über Hof bei Salzburg und Thalgau, FVV ✆ 06224 / 344, Fax 217. Reiche Wandermöglichkeiten im Sommer und Winter, Surfen und Naturbadestrand mit Freibad am Hintersee, Kinderspielplatz, Skischaukel Hintersee-Gaißau, Langlaufloipe, Rodeln.

Bauernhaus im Freilichtmuseum Großgmain.

A - 5322 Hof bei Salzburg, 789 m

Erholungsort zwischen Salzburg und dem Fuschlsee, Anbindung an die Westautobahn über Thalgau, etwa stündliche Busverbindung nach Salzburg (13 km), FVV ✆ 06229 / 22 49, Fax 34 53, Heimatmuseum Rauchhaus (geöffnet Juli/Aug. Do. 14.00 und 17.00 Uhr), Schloß Fuschl (Führung im Sommer Mi. nach Anmeldung ✆ 06229 / 22 53), Baden, Segeln, Surfen, Tennis, Golf, Fitnesscenter, Wandern und Radwandern.

A - Koppl, 753 m

Erholungsort im Flachgau östlich von Salzburg, viele Wanderwege, Koppler Moor, Tennis, Langlaufloipe, Skilift, FVV ✆ 06221 / 72 05.

A - 5421 Krispl-Gaißau, 750 – 927 m

Erholungsgemeinde östl. von Hallein, BB-Haltestellen, Anbindung an Tauernautobahn bei Hallein, FVV ✆ 06240 / 414, Fax 213. Skischaukel Gaißau-Hintersee, Langlauf, Eisstockschießen und Asphaltstockbahnen, »Hölzl-Kreuz« (Lindengruppe), Hochmoor Hochschnait, Kesselwand-Wasserfall (Wiestalstr. in Richtung Gaißau), Totenbretter am Haslerhof.

A - 5431 Kuchl, 465 m

600 Jahre alter Markt im Salzachtal am Fuß des Göllmassivs, Anbindung an Tauernautobahn von und in Richtung Salzburg (25 km), Bushaltestelle und Bahnhof, FVV ✆ 06244 / 62 27, Fax 622 775. Gotische Kirche und Heimatmuseum, Kirche am aussichtsreichen Georgenberg, Bürgerau-Badesee, Freibadeplätze an Salzach und Taugl, Hallenbad, Sportzentrum (Tennis, Asphaltstockbahn), Wandern und Radwandern, Angeln, Langlaufloipe in Gasteig, Bauernmarkt am ersten und dritten Samstag im Monat.

A - 5163 Mattsee, 506 m

Kulturhistorisch interessanter Markt am gleichnamigen See, Anbindung an die Westautobahn (Salzburg-Nord bzw. Wallersee), Bushaltestelle, FVV ✆ 06217 / 60 80, Fax 74 21, Stiftskirche und -museum (geöffnet Mitte Juni – Mitte Sept., tägl. außer Mo. 16.00 – 19.00 Uhr), Bajuwaren-Freilichtschau (geöffnet Juni – Aug. tägl. 14.00 – 17.00 Uhr, Mai, Sept., Okt. Sa./So. 14.00 – 17.00 Uhr), Bücherei, Freizeitanlage in der Weyerbucht (Kinderspielplatz, Tennis, Freibad, Surfen, Segeln, Boote, Eisstockschießen), Hallenbad, Moorbad, Kneippanlage, Reiten, Wandern, Radwandern, Angeln, Paragleiten.

A - 5411 Oberalm, 452 m

Erholungsgemeinde bei Hallein, siehe dortselbst, FVV ✆ 06245 / 865 93, Fax 855 71 59, Pfarrkirche, Linde beim Pröllhof (Naturdenkmal), Bücherei, Sportzentrum, am Freitag und Mittwoch Bauernmarkt.

A - 5412 Puch bei Hallein, 446 m

Erholungsdorf, Anbindung an Tauernautobahn bei Hallein, BB-Haltestelle, FVV ✆ und Fax 06245 / 841 66. Röm. Meilenstein in der Friedhofsmauer (200 n. Chr.), got. Pfarrkirche (berühmter Palmesel), Schmiedemuseum, Schlösser Puchstein und Urstein, Spielplätze, Asphaltstockbahn, Kegeln.

A - 5442 Rußbach am Paß Gschütt, 813 m

Erholungsdorf zwischen Tennengebirge, Dachstein und Salzkammergut, Anbindung an die Tauernautobahn bei Golling über Abtenau, BB-Haltestelle, FVV ✆ 06242 / 206, Fax 244. Kabinenbahn zum Hornspitz mit Sommer- und Winterbetrieb (Anbindung zum Skigebiet Dachstein-West), Wanderwegenetz im Sommer und z.T. auch im Winter, 2 Loipen, Naturrodelbahn, Stockschießen, Tennis, Kegeln, Sportschießen, Kneippanlage, Grillplatz, 2 Kinderspielplätze, Billard, Bücherei mit Leseraum.

A - 5020 Salzburg, 424 m

Landeshauptstadt und Verkehrsknotenpunkt (Bahn, Autobahn, Flughafen), Festspielstadt und Kulturzentrum ersten Ranges, FVV ✆ 0662 / 889 87. Festung Hohensalzburg (geöffnet April – Okt. 9.30 – 17.00 Uhr, Nov. – März 10.00 – 16.30 Uhr), Altstadt mit prächtigen Bürgerhäusern und Palais, Dom und Domplatz, Stift St. Peter, Franziskanerkirche, Kloster und Basilika Nonnberg, Gr. und Kl. Festspielhaus mit Felsenreitschule und Pferdeschwemme, Haus der Natur (Naturkunde, geöffnet tägl. 9.00 – 17.00 Uhr), Museum Carolino Augusteum (Geschichte und Kultur, geöffnet Di. – So. 9.00 – 17.00 Uhr), Mozarts Geburtshaus in der Getreidegasse, Schloß Mirabell mit Mirabellgarten, Salzburger Barockmuseum, Residenz-Gallerie, Lustschloß Hellbrunn in Anif, (Wasserspiele, Steintheater, Monatsschlößchen, Tiergarten, geöffnet April – Okt. 9.00 – 17.00 Uhr), Schloß Kleßheim, Weiher und Schloß Leopoldskron, Maria Plain (bedeutendste Wallfahrtskirche im Salzburger Land) mit schönem Ausblick auf die Stadt, Heuberg (Ghs. »Schöne Aussicht«), Waldbad in Anif, vielseitiges Sportangebot in der Stadt und Umgebung.

A - 5423 St. Koloman, 851 m

Erholungsdorf auf einer Sonnenterrasse über dem Salzachtal, Anbindung an Bahn und Tauernautobahn bei Hallein und Golling, Busverbindung zum Bahnhof Hallein, FVV ✆ 0624 / 22 15, Fax 222 22. Sehr vielseitiges Wandergebiet, Badesee und Natureislaufplatz am Seewaldsee (Landschaftsschutzgebiet), Spielplatz, Kneippanlage, Heimatmuseum (geöffnet Do. 10.00 – 11.00 Uhr) und Kirche mit »Bachlehner-Madonna«, größter in Europa freigelegter Gletscherschliff, die Strubklamm im Taugl boden als längste Klamm des Salzburger Landes, Panoramaloipe (20 km), Naturrodelbahn, Asphaltstockbahn und Eisstockschießen.

Schloß Leopoldskron und Festung Hohensalzburg.

A - 5440 Scheffau am Tennengebirge, 488 m
Erholungsort im Lammertal, Anbindung an Bahn (Schnellzugstation 4 km entfernt) und Tauernautobahn bei Golling (5 km), BB-Haltestelle, FVV ℂ und Fax 06244 / 85 73. Großartige spätgotische Kirche mit barockem Hochaltar, Tennis, Freibadeplatz und Wildwasserfahrten auf der Lammer, Lammeröfen (sehenswerte Klamm) und Winnerfall sowie Waldlehrpfad in Oberscheffau.

A -5303 Thalgau, 545 m
Erholungsort im Salzkammergut, direkte Anbindung an die Westautobahn, FVV ℂ 06235 / 73 50, Fax 61 28. Heimatmuseum Hundsmarktmühle (geöffnet Juni mit Okt., Sa. 14.00 – 17.00 Uhr), Bibliothek, Pfarrkirche, interessante ortsgeschichtl. Broschüre im FVV kostenlos erhältlich, 120 km Wanderwege, Freizeitzentrum mit Schwimmbad, Tennis, Minigolf, Reiten, Sportschießen, Billard, 22 km Langlaufloipen, Eisstockbahnen.

A - 5400 Vigaun, 468 m
Erholungsdorf im Salzachtal, Anbindung an die Tauernautobahn bei Hallein, Bushaltestelle, FVV ℂ 06245 / 841 16, Fax 828 76. Kurzentrum mit Thermalbad (Innen- und Außenbecken), Pfarrkirche, Museum im »Mesnerhäusl« (geöffnet März – Okt., Do. 15.00 Uhr), Römer- oder Teufelsbrücke mit Wasserfall, Naturbad, Spielplatz, Asphaltstockbahn, Kegeln.

Ausflugsziele von A – Z

Anger, Dorfplatz und Kirche, schöne Klosterkirche und See in Höglwörth.

Anthering, Kräutergarten mit über 350 Küchen- und Heilkräutern, Hammerschmiede.

Badgastein, weltberühmter Kurort, Radon-Thermalwasser (45 – 51 Grad C), Felsenbad, Thermal-Freischwimm- und Hallenbäder, Thermal-Heilstollen. Siehe dazu den Rother Wanderführer »Gasteiner Tal« von Sepp Brandl.

Bad Reichenhall, »Bayerisches Meran« mit Sole-Heilquellen im Staatsbad, Saline mit Hauptbrunnhaus, Gradierhaus und Kurpark, Florianviertel, Rathausplatz, St. Nikolauskirche, Münster St. Zeno, Heimatmuseum im ehemaligen Getreidestadel u.a.

Berchtesgaden, Zentrum des Berchtesgadener Landes, ehemaliges Chorherrnstift, Stiftskirche St. Peter und Johannes, Salzbergwerk, Heimatmuseum und berühmtes Bauerntheater, Königssee, Maria Gern. Siehe dazu den Rother Wanderführer »Berchtesgadener Land« von Heinrich Bauregger.

Chiemsee, Herreninsel mit Prunkschloß König Ludwig II. von Bayern und Fraueninsel mit altem Kloster und interessanten Häusern. Siehe Rother Wanderführer »Chiemgau« von Heinrich Bauregger.

Großglockner-Hochalpenstraße, Mautstraße zur Edelweißspitze, zum Fuschertörl, Hochtor und zur Franz-Josefs-Höhe, geöffnet etwa ab 10. Mai bis zum Beginn des Bergwinters. Wildpark Ferleiten an der Mautstelle der Glocknerstraße (Mai – Nov. geöffnet). Siehe Rother Wanderführer »Hohe Tauern – Nationalpark Nord« von Sepp Brandl.

Großmain bei Salzburg, Salzburger Freilichtmuseum, gegliedert nach den einzelnen Gauen des Landes (typische Gebäude und Geräte, Brauchtum und Lebensgewohnheiten, Familiengeschichte aus dem Leben der Bauern und Handwerker), Ausstellungen und Vorführungen zu diversen Themen, Volksmusikveranstaltungen und Brauchtumspflege, geöffnet von Ostern bis Allerheiligen tägl. außer Mo. zwischen 9.00 und 18.00 Uhr.

Hallstatt, Markt am Steilufer des Hallstätter Sees, prähistorisches Museum und Heimatmuseum, berühmtes Beinhaus neben der Michaelskirche, Salzbergwerk. Siehe Rother Wanderführer »Salzkammergut« von F. Hauleitner.

Maria Gern vor dem Untersberg im Berchtesgadener Land.

Henndorf, geführte Wanderung »Auf Zuckmayers Spuren« (3 Std., Anmeldung unter © 06214/6011), 18 km lange Radtour »Zu Zuckmayers Lieblingsplätzen«, größtes Seestrandbad im Salzburger Alpenvorland, Golf.

Kaiserbuche, mächtige, weithin sichtbare Rotbuche (1779 gepflanzt, Umfang fast 5 m) am aussichtsreichen Höhenzug des Haunsberges zwischen Obertrum und Oberndorf, Rothirschgehege hinterm Gasthaus »Kaiserbuche«, Zufahrt beschildert.

Kaprun, Bus und Schrägaufzug zu den Speicherseen der Tauernkraftwerke am Wasserfall- und Mooserboden. Siehe dazu Rother Wanderführer »Hohe Tauern – Nationalpark Nord« von Sepp Brandl.

Lamprechtshausen/Arnsdorf, Stille-Nacht-Museum im Schulhaus Arnsdorf (Gruber-Klassenzimmer, alter Hausrat und Originalhandschrift des Liedkomponisten), »Maria im Mösl« (Wallfahrt seit dem 8. Jh.).

Liechtensteinklamm bei St. Johann im Pongau, eine der gewaltigsten Klammen des gesamten Alpenraumes, für jedermann gut begehbar, geöffnet von Mai bis Okt. tägl. von 10.00 bis 16.00 Uhr. Siehe dazu Rother Wanderführer »Rund um den Hochkönig« von Sepp Brandl.

Michaelbeuern, Benediktinerstift (Kloster, Bibliothek, Museum, Führungen tägl. ab 14.00 Uhr).

Mondsee, gotische Stiftskirche, Museum mit österr. Pfahlbau-Museum (geöffnet Mai – Okt. 9.00 – 17.00 Uhr), Rauchhaus (Freilichtmuseum am Hilfberg, geöffnet Mai – Sept. 9.00 – 18.00 Uhr), Lokalbahn-Museum (geöffnet Juni – Sept. Fr. – So. 9.00 – 18.00 Uhr), Seerundfahrten am Mondsee.

Neumarkt am Wallersee, Pfarrkirche, Sommerholz-Kirche auf aussichtsreicher Anhöhe (Zufahrt über Sighartstein).

Oberndorf, Stille-Nacht-Kapelle, Wallfahrtskirche Maria Bühel, Schiffer- und Heimatmuseum mit Kinderprogramm, Grenzbrücke nach Laufen, Plättenfahrten von Muntigl bei Salzburg nach Oberndorf (Ende Mai – Ende Sept. Sa. 14.00 Uhr, Anfahrt in Oldtimerwagen der Lokalbahn möglich).

Obertraun, Dachstein-Seilbahn zur Dachstein-Mammuthöhle und Dachstein-Eisriesenwelt (geöffnet Mai – Okt.), warme Kleidung erforderlich.

Obertrum, Heimatmuseum (Weberei, Trachten, bäuerl. Keramik, geöffnet im Sommer Di. 17.00 – 19.00 Uhr), Kirche (Kassettendecke).

Die Kaiserbuche am Haunsberg im Frühjahr.

St. Georgen, Pfarrkirche mit schönen Fresken, Siglhaus (Holzbauernhaus und Heimatmuseum), Rendlmuseum, Landschaftsschutzgebiete Lilienwiese und Irlacher Au.

St. Wolfgang, berühmter Pacheraltar, Weißes Rößl, Zahnradbahn auf den Schafberg, Schiffahrt am Wolfgangsee, Puppenmuseum.

Schleedorf/Köstendorf, Eglseen, Tiefsteinklamm, Wenger Moor.

Seeham, Freilichtmuseum Kugelmühle beim Naturdenkmal Wildkarwasserfall.

Seekirchen, Schloß Seeburg (Museum, Rokokokapelle, Handschriften, Sonderausstellungen, geöffnet im Sommer 15.00 – 19.00 Uhr).

Straßwalchen, Erlebnispark für die ganze Familie (geöffnet Mai – Okt., 10.00 – 18.00 Uhr), Wallfahrtskirche und Pfarrkirche.

Werfen, Eisriesenwelt (größte erschlossene Eishöhle der Erde, geöffnet täglich von Mai bis Anfang Okt. von 9.00 bis 16.30 Uhr, Führungen, warme Kleidung mitnehmen (siehe Rother Wanderführer »Rund um den Hochkönig« von Sepp Brandl), Burg mit Greifvogelschau.

1 Buchberg – Wartstein – Schloßberg

Drei vielbesuchte Aussichtspunkte über Mattsee

Mattsee – Gaisberg – Buchberg – Wallmannsberg – Voglhütte – Mattsee – Wartstein – Schloßberg

Talort/Ausgangspunkt: Mattsee, 506 m. Parkplatz und Bushaltestelle »Weyerbucht«.
Gehzeiten: Mattsee – Gaisberg – Buchberg gut 1¼ Std., Buchberg – Wallmannsberg – Voglhütte – Mattsee ca. 1 Std.; Gesamtgehzeit: knapp 2½ Std. Über den Wartstein knapp 1 Std., über den Schloßberg ¼ Std.
Höchste Punkte: Buchberg, 801 m; Wartstein, 573 m.
Höhenunterschied: Alle drei Anhöhen zusammen ca. 400 m, nur Buchberg 300 m.
Anforderungen: Gut markierte, unschwierige Wanderwege.
Einkehrmöglichkeiten: Gasthof Alpenblick unter dem Buchberggipfel (Wallmannsberg), Gasthäuser in Mattsee.
Sehenswertes: Ausblick von den Höhen auf die Seenlandschaft um Mattsee und die Alpen, Wartsteinkapelle, Ort und Stift Mattsee, Stifts- und Heimatmuseum (»G«), Weyerbucht und Bajuwaren-Freilichtschau (»G«), Egelseen, Tiefsteinklamm bei Schleedorf.
Varianten: Zum Buchberg führen mehrere

gut markierte, leichte Wanderwege. Man kann unter den Routen beliebig variieren.

Beim ersten Blick in eine Wanderkarte fällt das dichte Wegenetz um den »Naturpark Buchberg« bei Mattsee auf. Im Naturschutzjahr 1970 hat der österreichische Naturschutzbund durch seine Salzburger Landesgruppe den Buchberggipfel erworben und zwei Jahre später für die Bevölkerung als Naturpark zu Erholungszwecken eröffnet. Von allen Seiten führen Wanderwege auf die bewaldete Kuppe über dem Mattsee. Wartstein und Schloßberg sind zwei vielbesuchte, reizvolle Anhöhen im Ortsbereich von Mattsee. Vom **Weyerbucht-Parkplatz** wandern wir rechts an den Bajuwarenhütten vorbei, zwischen Kinderspielplatz und Minigolfanlage hindurch, links am Tennisplatz entlang, dann rechts am Sportplatz und an der Hauptstraße vorbei zur Straße. Auf dieser geht es ca. 20 m nach rechts (!), dann links in eine Nebenstraße und wieder links an der Volksschule vorbei bis zum oberen Straßenende. An der Garage rechts neben einem Holzhaus führt die *Route Nr. 3* zur Straße hinauf, darüber hinweg und auf steilem Waldweg nach

Gaisberg. Beim obersten Haus geht es gerade über die Kreuzung und zum Wald hinauf. Dort führt ein Steig weiter zu einer Forststraße, etwas nach links versetzt darüber hinweg und durch den Wald zur **Hofbauerkapelle** hinauf. Hier folgt man rechts dem Rücken auf *Weg Nr. 6* zum nahen Gipfelplateau des **Buchberges**. Gegen Südwesten führt ein Weg in wenigen Minuten zu einem Kinderspielplatz hinab und links nach **Wallmannsberg** weiter. Auf der Straße wandert man sonnseitig mit Blick auf die Egelseen zu einem Parkplatz und einer Straßengabelung im Wald hinab. Geradeaus geht es zu den Häusern in **Voglhütte**, dort über die Straße, auf einer Treppe (*Weg Nr. 2*) zur Hauptstraße hinab und geradeaus darüber hinweg nach **Mattsee** zurück.

Zum **Wartstein** läuft man auf der Passauerstraße ca. 50 m links am Stift Mattsee vorbei, bis im Abstand von ca. 20 m zur Linken zwei Wanderwege (Vorder- und Hinterwartstein) abzweigen. Über den zweiten steigt man zuerst zum **Wartsteinkreuz** hinauf, wandert auf der Kammhöhe über das Paradachl westwärts zur **Wartsteinkapelle** am Ostufer des Obertrumer Sees. Am Weg kurz zurück, dann rechts hinab und am Südhang entlang nach **Mattsee** retour, wobei der Weg an einer Stelle einige Meter nach oben versetzt ist. Zum **Schloßberg** mit seiner Naturbühne geht man rechts oder links am Schloßbräu vorbei und steigt dahinter auf Steintreppen über den Felsen hinweg.

Blick auf den Mattsee im Abstieg vom Buchberg.

2 Rund um den Mattsee

Seerundweg an abwechslungsreichen Uferzonen

Mattsee – Ramoos – Gebertsham – Hüttendörfer Niedertrum und Rakkersing – Stein – Mattsee

Talort/Ausgangspunkt: Mattsee, 506 m. Bushaltestelle und Parkplatz »Weyerbucht«.
Gehzeiten: Mattsee – Gebertsham 1½ Std., Gebertsham – Stein 1 Std., Stein – Mattsee 1½ Std.; Gesamtgehzeit: 4 Std.
Höchster Punkt: Gebertsham, 544 m.
Höhenunterschied: Mehrfaches Auf und Ab, insgesamt knapp 100 m.
Anforderungen: Bequeme, breite Wanderwege; kurze, feuchte Passagen möglich.

Einkehrmöglichkeiten: Gasthäuser in Mattsee, Hüttendorf Stein, Freibäder in Mattsee und Gebertsham.
Sehenswertes: Landschaft um den Mattsee (Niedertrumer See) mit Naturschutzgebiet am Nordufer, Ort und Stift Mattsee, Stifts- und Heimatmuseum (»G«), Bajuwaren-Freilichtschau (»G«), Kapelle von Gebertsham (Kreuz und Flügelaltar von 1515/20, Schlüssel beim Mesner erhältlich).

Die Wanderung um den Mattsee reicht im Rahmen dieses Führers am weitesten in den nördlichen Flachgau hinaus und betritt ein kulturhistorisch interessantes Gebiet. Der Rundweg um den Mattsee – auch Niedertrumer See genannt – ist die meiste Zeit des Jahres begehbar.

Herbststimmung am Obertrumer See.

Wir beginnen die Rundtour am **Parkplatz Weyerbucht** südlich der Stiftskirche und wandern gegen den Uhrzeigersinn um den See. Dem Ww. »Rund
um den See, Gebertsham« folgt man durch die Bajuwarensiedlung und die
Freizeitanlage. So wandert man auf breiten Wegen entlang der Weyerbucht
und am Ufersträßchen nach **Ramoos**. Beim Wasserschutzgebiet gabelt die
Route nach **Gebertsham**. Die rechte führt auf der Straße bergwärts nach
Saulach und zweigt dort bei der Kapelle links ab. Die linke (»Fußsteig 1 A«)
folgt bis zum Austritt aus dem Wald einem Sträßchen, zweigt dann aber
rechts (!) ab und führt als Wanderweg zumeist am Waldrand weiter, ehe sie
vor **Gebertsham** wieder in die Straße mündet und auf dieser den Weiler
erreicht. An der Straßengabelung hinter den Häusern geht es links und
reichlich hinter dem Ort erneut links zum **Freibad** hinab. Der Mattsee-Rund-
weg führt rechts weiter und am Ostufer entlang durch eine Moorlandschaft,
sodann durch die Hüttendörfer **Niedertrum Ost** und **West** sowie durch
Rackersing. Schließlich wendet er sich unter Umgehung eines Camping-
platzes vom Ufer ab und zieht rechts nach **Stein** hinauf. Am Ortsende
(Trafomast) wandert man links zum Hüttendorf Stein und kommt dahinter
wieder ans Seeufer. Unter Umgehung von Privatgrund leiten Wegweiser
durch die folgende Siedlung etwas verwinkelt hindurch und dahinter an
einem unter Naturschutz stehenden Uferstreifen entlang. Im Anschluß daran
schert man rechts zum Salzkammergut-Radweg aus, der parallel zur Bundesstraße nach **Mattsee** führt.

3   Mühlenweg in die Plötz

Naturbad mit Mühlen, Schlucht und Wasserfall

Ebenau – Watzmannblick – Plötz – Ebenau

Talort/Ausgangspunkt: Ebenau, 621 m. Bushaltestelle und »Parkplatz Mühlenwanderweg« an der nördlichen Unterführung der Umgehungsstraße.

Gehzeiten: Ebenau – Watzmannblick knapp 1 Std., Watzmannblick – Plötz gut ½ Std., Plötz – Ebenau ½ Std.; Gesamtgehzeit: 2 Std.

Höchster Punkt: Watzmannblick am Wieselberg, 759 m.

Höhenunterschied: Mehrfaches Auf und Ab, insgesamt ca. 220 m.

Anforderungen: Gut markierte und präparierte Wanderwege ohne technische Schwierigkeiten. Vorsicht beim Abstieg zum Plötz-Wasserfall in Begleitung von Kindern!

Einkehrmöglichkeiten: Gasthäuser in Ebenau.

Sehenswertes: Watzmannblick am Wieselberg, Naturdenkmal und Naturbad Plötz mit Wasserfall (ca. 50 m Fallhöhe, gutes Fotolicht um Mittag) und fünf alten Bauernmühlen aus dem 16./17. Jh. (teilweise bis 1960 in Betrieb), Mühle mit Totenbrettern nahe dem

Ausgangspunkt, Dorf und Kirche in Ebenau, Heimatmuseum Messingschmiede (geöffnet Mitte Juni – Mitte Sept., Di./Do. 10.00 – 12.00 Uhr), Waschl-Mühle (Juli/Aug., Freitag. 18 .00– 19.30 Uhr).

Variante: Von der Bushaltestelle (kl. Parkplatz) bei km-Marke 17,0 in gut 5 Min. zum Wasserfall.

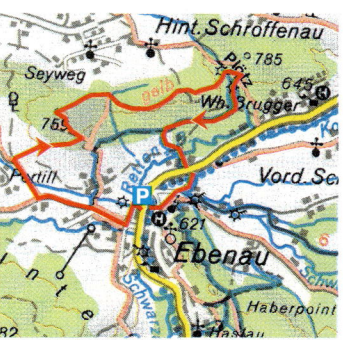

Der Mühlenweg in die Plötz ist das Musterbeispiel einer Kurzwanderung – und obendrein einer höchst lohnenden! Der Wasserfall im Naturdenkmal der Plötz, die alten Bauernmühlen am Rande des Gewässers und das Naturbad am Rettenbach setzen einen wirklich spannenden und zugleich originellen Akzent.

Beginnt man die **Mühlenwanderung** in die Plötz an der **Bushaltestelle** bei der nördlichen Unterführung der Umgehungsstraße, so folgt man zuerst dem Ww. »Unterberg«. Auf einer Straße geht es südwärts an einer Mühle vorbei bis zum Kindergarten, hier rechts, über die folgende Kreuzung ein größeres Stück hinweg zu einer Verzweigung; hier erneut rechts weiter und bald darauf rechts von der Straße ab und auf einem Feldweg über Wiesen zu einer Rastbank am Waldrand. Der Mühlenwanderweg schwenkt hier rechts in den Wald, steigt zum »**Watzmannblick**« am Wieselberg an, folgt dem Kammverlauf zuerst auf der Schneide, dann am »Höhenweg« entlang des Südhanges ostwärts, quert in einem Schartl ein Bächlein und führt über einen weiteren Rücken zum Steg über den **Rettenbach** hinab. Kurz darauf bricht das Gelände bei einer alten Bauernmühle jäh ab, und das Gewässer stürzt ca. 50 m in die Tiefe. Am Fuß des **Wasserfalls** bietet sich ein höchst lohnender Abstecher in die Klamm. Ein herrlicher Platz zum Schauen, Staunen und Spielen! Ein kleines Stück darunter quert man bei einem Wehr den Bach und wandert im Wald über die **Edelweißhütte** zur Straße hinab. Hinter einer Brücke geht man entweder rechts zum Parkplatz oder unterquert geradeaus die Bundesstraße und wandert über den **Mühlbauerhof** zum Ausgangspunkt in **Ebenau** zurück.

Am Wasserfall in der Plötz.

4 Strumberg und Metzgersteig

Schattige Aussichtsplätze und eine abgrundtiefe Schlucht

Ebenau – Karl-Götz-Steig – Strubklammstraße – Seewirt – Metzgersteig – Roßbach – Heilenstein – Wiestalpromenade – Ebenau

Talort/Ausgangspunkt: Ebenau, 621 m. Parken u. U. im Randbereich des Dorfes.
Gehzeiten: Ebenau – Karl-Götz-Steig – Strubklamm – Seewirt ca. 2 Std., Seewirt – Metzgersteig – Wiestalpromenade – Ebenau ca. 2 Std.; Gesamtgehzeit: ca. 4 Std.
Höchste Punkte: Höhenweg entlang des Strumberges, ca. 800 m; Strumberg, 982 m (nur Variante).
Höhenunterschied: Ca. 300 m, über den Strumberg ca. 500 m.
Anforderungen: Weitgehend gepflegte, gut markierte Wanderwege und Sträßchen, nur stellenweise Trittsicherheit erforderlich. Vorsicht am Metzgersteig im Abbruchbereich zur Klamm (Kinder!) und auf der engen Strubklammstraße (Verkehr!).
Einkehrmöglichkeiten: Mehrere Gasthäuser in Ebenau, Seewirt (Strubklamm).
Sehenswertes: Reizvolle Aussichtspunkte am Karl-Götz-Steig und entlang der Route, Strubklamm und Strubklammsee; Dorf und Kirche in Ebenau, Heimatmuseum Messingschmiede (geöffnet Mitte Juni – Mitte Sept., Di./Do. 10.00 – 12.00 Uhr), Waschl-Mühle (Juli/Aug., Fr. 18.00 – 19.30 Uhr);
Varianten: 1. Über den Strumberggipfel mühsamer und ca. ¾ Std. länger, Abstieg zum Strumbergbauer undeutlich markiert, von dort auf Forststraße rechts auf ein Wiesenplateau mit gr. Kreuz, hier wieder rechts zum Gasthaus Strubklamm, S. »rot«.
2. Nur für Geübte: Abstieg in 5–10 Min. zu den grünen Gumpen in der Strubklamm, ca. 70 m hinter dem Damm (Drahtseile und Eisenleiter). Nicht bei Nässe!

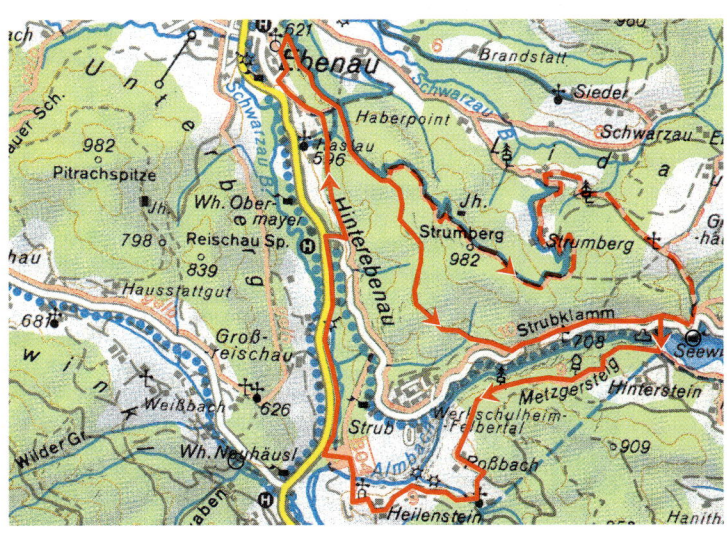

Der Almbach mündet in den mehr und mehr verlandenden See; links der Seewirt.

Die Strubklamm mit dem sagenumwobenen Metzgersteig, einer alten Wall-fahrerroute, zählt zu den Sehenswürdigkeiten um Ebenau. In Verbindung mit dem Höhenweg entlang der Westflanke des Strumberges ergibt sich eine abwechslungsreiche und kurzweilige Wanderung.

Zur Kirche von **Ebenau** hinauf, im Linksbogen um die Friedhofsmauer herum und in Kürze zu einem Geländeeck, an dem rechts der anregende **Karl-Götz-Steig** abzweigt und entlang eines bewaldeten Kammes auf ein Plateau über dem Kirchberg führt. Dahinter geht's in eine Senke (»Hirschlacke«) hinab. Hier kann man sowohl nach rechts wie nach links ins Tal absteigen. Die **mittlere Route** gewinnt auf der rechten Hangseite an Höhe, erreicht hinter einem Schärtchen eine Mulde und an ihrem Ende die Abzweigung zur Strumbergspitze (siehe Variante!). Der breitere Weg führt geradeaus an den Berghängen entlang zur Strumberg-Forststraße hinauf und dann zur **Strub-klammstraße** hinab. Auf dieser geht's links weiter, nach 300 m durch einen kleinen Tunnel und nach weiteren 1,5 km zum Gasthaus Strubklamm (**See-wirt**). Knapp 200 m davor zweigt ein Sträßchen zur Staumauer des verlan-denden Sees und hinter derselben rechts der **Metzgersteig** ab. Er führt besonders am Anfang in der Nähe der Abbruchkante entlang, weicht dieser aber bald links aus, steigt hoch über der Klamm entlang einer Starkstromlei-tung zu einem Steg hinauf und kurz dahinter zum **Roßbachbauer** hinab. Auf der Straße geht's in einer Schleife zuerst um einen Graben herum, dann zum **Heilensteinbauer**, vor dem man rechts über Wiesen zu einem Bildstöckl und dahinter wieder rechts zum Steg über die Strubklamm absteigt. Am Bach entlang erreicht man eine Brücke und links die nahe Hauptstraße. Zwischen dieser und dem Schwarzbach führt ein Wanderweg knapp 1½ km nach rechts in Richtung Ebenau. Bei der Einmündung der Straße ins Felber-tal beginnt – ca. 20 m rechts versetzt – die **Wiestalpromenade**. Sie läuft am Waldrand entlang über **Haslau** nach **Ebenau** zurück.

5 Über den Nockstein zum Gaisberg

Aussichtswarten zwischen Salzburg und dem Salzburgring

Riedlwirt – Nockstein – Gaisberg – Zistelalm – Nocksteinsattel – Riedlwirt

Talort: Koppl, 753 m. Anreise über die Westautobahn bis Ausfahrt Wallersee oder Thalgau, dann dem Ww. »Salzburgring« folgen und zuletzt in Richtung Koppl.

Ausgangspunkt: Riedlwirt, 737 m. 300 m nach der Abzweigung von der Bundesstraße Salzburg – St. Gilgen biegt man rechts zu den Nocksteinliften und zum Gasthaus am Riedl ab (noch ca. 600 m).

Gehzeiten: Riedlwirt – Nockstein 1¼ Std., Nockstein – Gaisberg gut 1¼ Std., Gaisberg – Zistelalm ca. ½ Std., Zistelalm – Rundweg westseitig – Nocksteinsattel – Riedlwirt 2 Std.; Gesamtgehzeit: ca. 5 Std.

Höchste Punkte: Nockstein, 1043 m; Gaisberg, 1288 m.

Höhenunterschied: Ca. 700 m im mehrfachen Auf und Ab.

Anforderungen: Überwiegend gut markierte, breite Wanderwege. Zum Nocksteingip-fel und an kurzen Stellen auch zum Gaisberg ist etwas Trittsicherheit erforderlich (S. stellenweise »rot«).

Einkehrmöglichkeiten: Riedlwirt, Gasthaus Gaisbergspitze und Panoramawirt am Gaisberg, Berghotel Zistelalm (Mo. Ruhetag), Gersbergalm (nur bei Variante 2).

Sehenswertes: Ostgrat zum Nockstein und Nocksteingipfel, Gaisbergpanorama.

Varianten: 1. Bequemer und lohnender Gaisberg-Rundweg von der Zistelalm, ca. 1 Std. (Zufahrt über die Gaisbergstraße).

2. Von der Gersbergalm (Zufahrt über Gaisbergstraße) über den Lambergsteig zum Nockstein (S. »rot«) – Gaisberg – Zistelalm – Rundweg – Gersbergalm; ca. 5 Std. Die Abzweigung vom Rundweg zur Gersbergalm ist genau an der Stelle, wo es auch zur Gaisbergspitze geht (Wegkreuzung).

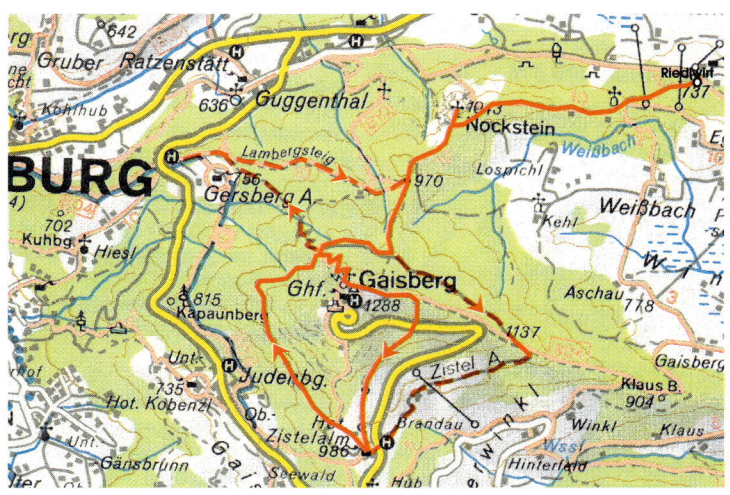

Nockstein und Gaisberg, ein höchst unterschiedliches Zwillingspaar östlich von Salzburg, zählen zu den Hausbergen der Landeshauptstadt. Während die Kuppe des Gaisberges durch eine (noch) mautfreie Bergstraße das ganze Jahr über großen Zulauf zu verzeichnen hat, herrscht am schroffen Horn des Nockstein Ruhe. Beide Gipfel sind für den Wanderer durch abwechslungsreiche Steige aus verschiedenen Richtungen erschlossen.

Die Ostroute von Koppl führt beim **Riedlwirt** geradeaus weiter zum Tennisplatz, daran links vorbei und kurz am Waldrand entlang. Im Wald gelangt man dann zu einer Wegkreuzung mit Kapelle und geradeaus weiter zu einer Lichtung und Jagdhütte. Dahinter folgt man zuerst dem bewaldeten Rücken, dann dem Grat an zauberhaften Felsköpfen entlang, durch einen schönen Buchenwald, über eine Wegkreuzung hinweg und zuletzt etwas steiler über Stufen zur Scharte südlich des **Nockstein**. Mehrere Pfade – am

Blick vom Gaisberg-Rundweg zum Watzmann.

leichtesten ist der auf der Ostseite – führen nach rechts zum Gipfel (kurze Drahtseilpassage). Zur Scharte zurück und geradeaus (Ww. »Gaisberg«) weiter, ein längeres Stück auf einem Steig entlang eines bewaldeten Kammes und zuletzt in Serpentinen steiler zum straßenbreiten **Gaisberg-Rundweg** hinauf. Diesem folgt man knapp 10 Min. nach rechts, bis ein Schild links zur »**Gaisbergspitze**« weist, die man direkt beim Sendemasten erreicht.

Der **Abstieg** *(Weg 4)* führt zum nahen **Gipfelkreuz** und dahinter geradeaus an einer Geländekante entlang zu einem Hohlweg, wo sich zwei Routen verzweigen. Der rechte Pfad quert nach dem Hohlweg die Gaisbergstraße und erreicht bei einem Schlepplift die **Zistelalm**. Unmittelbar vor dem Hotel biegt man rechts in den *Rundweg* ein. Dieser führt etwas steigend westseitig um den Gaisberg herum, passiert dabei eine gut gesicherte Hangbrücke (Ausblick auf Salzburg, ins Salzachtal und die Berchtesgadener Berge), ehe sich bei der Abzweigung zum Nockstein die Runde schließt und man entlang der Anstiegsroute links zum **Nocksteinsattel** und zum **Riedlwirt** absteigt.

6   Große Plaike und Kolomannsberg

Über bewaldete Höhenzüge zur ältesten Holzkirche Österreichs

Mooswirt – Große Plaike – Heimkehrerkreuz – Lehmberg – Kolomannstaferl – Kolomannskapelle – Rauchenschwandt – Mooswirt

Talort: Thalgau, 545 m.

Ausgangspunkt: Gasthaus Mooswirt in Thalgauberg, ca. 760 m. Anfahrt über die Westautobahn bis Ausfahrt Thalgau, ca. 50 m nach der Ausfahrt links (Ww. »Mooswirt«) nach Irlach, dort links unter der Autobahn hindurch und auf guter Bergstraße zum Mooswirt (3,2 km von Irlach).

Gehzeiten: Mooswirt – Gr. Plaike gut 1½ Std., Gr. Plaike – Heimkehrerkreuz ¼ Std., Heimkehrerkreuz – Lehmberg – Kolomannstaferl ¾ Std., Kolomannstaferl – Kolomannskapelle knapp 1 Std., St. Kolomann – Rauchenschwandt – Mooswirt knapp 1 Std.; Gesamtgehzeit: ca. 4½ Std.

Höchste Punkte: Gr. Plaike, 1034 m; Kolomannskapelle, 1098 m.

Höhenunterschied: Ca. 530 m im mehrfachen Auf und Ab.

Anforderungen: Gut markierte, unschwierige Forststraßen und Waldwege, Anstieg zum Kolomannsberg etwas steiler, feste Schuhe empfehlenswert (morastige Passagen zum Lehmberg).

Einkehrmöglichkeiten: Mooswirt (geöffnet von 11.00 bis 24.00 Uhr, Di. Ruhetag, April – Juni auch Mi.), Jausenstation Rauchen-schwandt (bis hierher Fahrmöglichkeit, tägl. bew. 9.00 – 20.00 Uhr).

Sehenswertes: Kulturdenkmal St. Kolomann (einzige, ganz aus Holz gebaute Kirche Österreichs mit ca. 500jähriger Geschichte, siehe Chronik links vom Altar).

Varianten: 1. Über das Steinwandl ca. ½ Std. länger: Von der Kreuzung mit Rastplatz (siehe Routenbeschreibung!) auf der Forststraße knapp 1 km geradeaus weiter, bis diese unmittelbar an den Kammverlauf stößt. Hier – 1995/96 kein Hinweisschild! – scharf rechts ab und auf markiertem Steig entlang des bewaldeten Kammes über das Steinwandl auf die Gr. Plaike.

2. Von Henndorf auf der Straße ca. 3 km zum Forsthaus, dann auf Waldweg Nr. 37 über Ruine Lichtenian zum Heimkehrerkreuz und rechts zur Großen Plaike; 2¼ Std. von Henndorf. Am Kamm in ca. ¼ Std. zum Steinwandl (Aussichts- und Rastplatz) und zu einer Weggabelung, dann auf Weg Nr. 36 rechts über eine Waldmulde und vier Forststraßen auf einen Boden, zuletzt auf einem Asphaltsträßchen über den Grabnerbauer nach Henndorf; 1½ Std. vom Steinwandl. 4 Std. für die ganze Runde.

Der stark bewaldete Höhenzug nördlich von Thalgau wirft mit dem Kolomannsberg die höchste Erhebung auf. In unmittelbarer Nähe seines für militärische Zwecke genutzten Gipfelplateaus (Betretungsverbot) versteckt sich die Kolomannskapelle, die älteste Holzkirche Österreichs. Sie steht als Kulturdenkmal unter besonderem Schutz und gilt als Wallfahrtsstätte mit jahrhundertealter Tradition.

Dem Ww. »*Heimkehrerkreuz, Gr. Plaike*« folgend, wandert man vom **Mooswirt** auf der eben verlaufenden Straße gegen den Talhintergrund und trifft nach ca. 20 Min. bei einem Haus auf eine Verzweigung. Links geht es zuerst über Wiesen, dann im Wald – bei einer Gabelung rechts – zu einer Kreuzung mit Rastplatz. Geradeaus führt die Wanderroute zum Steinwandl (siehe Variante 1), rechts zum Heimkehrerkreuz und zur Großen Plaike. Auf der rechten

Straße darf man nach ca. 10 Minuten bei einer langgezogenen Linkskurve die Abzweigung nicht übersehen. Ein beschilderter Waldweg führt hier links zur Kammhöhe hinauf. Dort kann man links einen Abstecher zur **Großen Plaike** machen (hin und zurück ca. ½ Std.) oder gleich rechts zum **Heimkehrerkreuz** weiterwandern. Man erreicht den reizvollen Aussichtspunkt schon nach wenigen Minuten; er liegt links des Weges. Die Wanderroute (*Weg 830*) bleibt nun stets auf der Kammhöhe, folgt dieser mit geringem Gefälle zu einer Forststraße, dahinter leicht steigend zum unbedeutenden **Lehmberg** und schließlich zur dreifachen Wegverzweigung beim **Kolomannstaferl**. Rechts geht es nun mit Blick auf die Berchtesgadener Berge in eine Senke hinab. Über eine dichtbewaldete Kuppe hinweg gelangt man zu einer weiteren Einsenkung und links von einer Forststraße etwas steiler zum **Kolomannsbründl** und zur **Kolmannskapelle** am Rande eines militärischen Sperrgebietes. Hier folgt man einer Straße über die folgende Rechtskehre hinab, zweigt bei einer Treppe (Ww. »Thalgau«) links ab, erreicht über einen Waldweg eine Forststraße, der man nach rechts zur aussichtsreichen Jausenstation **Rauchenschwandt** folgt. Dahinter geht es auf der Straße in mehreren Schleifen talwärts, bis ein Seitensträßchen in wenigen Minuten rechts zum **Mooswirt** zurückführt.

7 Rund um den Fuschlsee

Genußreicher Seerundweg in einem Landschaftsschutzgebiet

Westufer-Parkplatz – Naturbadestrand – Hundsmarktmühle – Feldbauer – Fuschl – Wesenau – Fischer – Schloß Fuschl – Parkplatz

Talorte: Hof bei Salzburg, 789 m; Fuschl am See, 670 m.

Ausgangspunkte: 1. Parkplatz am Westufer des Fuschlsees. Anfahrt: Am westlichen Ortsende von Hof zweigt eine Straße nach Faistenau/Hintersee ab. Auf der gegenüberliegenden Straßenseite führt eine Zufahrt (1 km) »Zum Parkplatz, Zugang zum See« hinab (an der Verzweigung im Talboden rechts zum Parkplatz). 2. Jagdhof zwischen Hof und Fuschl (Parkplatz an der Straße).

Gehzeiten: Westliches Seeufer – Hundsmarkt (Jausenstation Berger) – Feldbauer – Fuschl 1¾ Std., Fuschl – Wesenau – Fischer – Schloß Fuschl – Parkplatz 1¾ Std.; Gesamtgehzeit: 3½ Std.

Höchste Punkte: Etwa Mitte des Nordufers, ca. 700 m; Jagdhof, ca. 730 m.

Höhenunterschied: Am Seeweg mehrere kleine Anstiege von insgesamt ca. 100 m.

Anforderungen: Bequemer, breiter und gut beschilderter Wanderweg.

Einkehrmöglichkeiten: Jagdhof, Jausenstation Berger in Hundsmarkt (ganzj. bew., Juni – August kein Ruhetag, ansonsten Do. Ruhetag), Holzknechtstub'n (Jausenstation am Südufer mit Sommerbewirtschaftung), zahlreiche Gaststätten in Fuschl.

Sehenswertes: Hundsmarktmühle (Heimatmuseum, geöffnet Sa. 14.00 – 17.00 Uhr, Schauobjekte »Vom Korn zum Brot« mit wasserradbetriebenem Mühlstein etc., »Rauchhaus« (alter Bauernhof im NW des Fuschlsees, Zufahrt beschildert, Führung Juli/August, Do. 14.00 und 17.00 Uhr).

Variante: Vom Jagdhof auf der Straße zum Schloß Fuschl hinab, vor dessen Einfahrt der Rundweg die Straße kreuzt. Links geht's zum westlichen Seeufer, rechts nach Fuschl.

Rast am Fuschlsee, im Hintergrund Schloß Fuschl.

Der beliebte Rundweg um den idyllisch in Wald und Wiesen gebetteten Fuschlsee ist die meiste Zeit des Jahres begehbar. In den Sommermonaten besteht am Seeufer an mehreren Stellen Bademöglichkeit. Es bleibt dem Geschmack des einzelnen überlassen, die ca. 12 km lange Runde links oder rechts herum zu drehen.

Vom **Parkplatz am Westufer** wandern wir geradeaus zum Naturbadestrand und schwenken davor nach links, um den Fuschlsee im Uhrzeigersinn zu umrunden. Durch eine Moorlandschaft und an einem Bächlein entlang erreicht man eine Straße. Diese führt rechts über die Jausenstation **Berger** und die **Hundsmarktmühle** in das Stille Tal. Doch bereits nach ca. 150 m, gleich hinter den Gebäuden eines Baugeschäftes, zweigt man rechts ab und erreicht auf einem Plateau eine weitere Verzweigung. Der linke Weg führt kurz darauf in den Wald, tritt beim **Feldbauer** auf Wiesen hinaus und führt am See entlang nach **Fuschl**. Im Ortsbereich bleibt man immer in Ufernähe. Ein Bürgersteig, ein Privatweg, eine kurze Straßenpassage sowie Park, Strandbad und Campingplatz folgen hintereinander, ehe man bei **Wesenau** (Gasthaus und BB-Haltestelle) die Bundesstraße tangiert und anschließend dem Ww. »Seeweg 4« zum Südwestufer folgt. Über die Seestub'n geht's nach **Fischer**; dabei quert man eine düstere Schlucht und wandert zur Bucht vor dem auf einer Halbinsel liegenden **Schloß Fuschl**. Je nach Ausgangspunkt geht es hier auf der Straße zum **Jagdhof** hinauf oder noch ein kurzes Stück am See entlang (Golfplatz) zum **Westufer-Parkplatz** zurück.

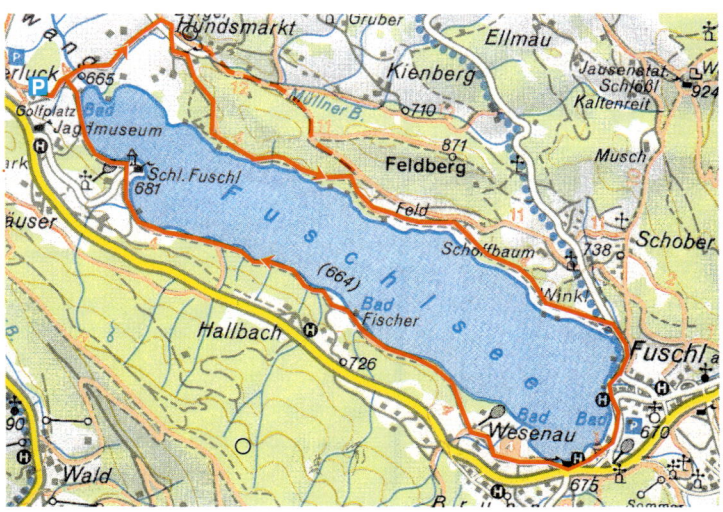

8 Schober und Frauenkopf

Luftige Logenplätze zwischen Fuschlsee und Mondsee

Jausenstation Wartenfels – Ruine Wartenfels – Schober – Frauenkopf – Jausenstation

Talorte: Thalgau, 545 m; Fuschl am See, 670 m.

Ausgangspunkt: Jausenstation/Schutzhütte Wartenfels, ca. 900 m. Anfahrt wahlweise von Thalgau oder Fuschl auf der Verbindungsstraße zwischen den beiden Talorten zur beschilderten Abzweigung »Wartenfels«; von hier noch 2 km zum Parkplatz bei der Jausenstation.

Gehzeiten: Parkplatz – Ruine Wartenfels 20 Min., Ruine – Schober 1 Std., Schober – Frauenkopf ¼ Std., Frauenkopf – Parkplatz 1 Std.; Gesamtgehzeit: ca. 2½ Std.

Höchste Punkte: Schober, 1328 m; Frauenkopf, 1305 m.

Höhenunterschied: Ca. 450 m.

Anforderungen: Gut markierter und im Gipfelbereich des Schober mit Drahtseil und Eisenklammern gesicherter Felsensteig, der unbedingt Trittsicherheit und auch etwas Schwindelfreiheit erfordert. Nicht bei Nässe oder gar Vereisung im Spätherbst! Die Route über den Frauenkopf ist etwas leichter.

Einkehrmöglichkeiten: Jausenstation Wartenfels am Ausgangspunkt (bew. Mai – Okt., 10.00 – 22.00 Uhr). Die Unterstandshütte am Schober ist nicht bew.

Sehenswertes: Ruine Wartenfels, Ausblick von den beiden Gipfeln auf das Salzkammergut (Siebenseenblick), Hundsmarktmühle (Museum), Rauchhaus (alter Bauernhof, Führung Do. 14.00 und 17.00 Uhr), moderne Kapelle »Zum guten Hirten« am Anfahrtsweg.

Variante: Zugang von Fuschl am See zur Jausenstation Wartenfels über den Schoberbauer, 1 Std. im Anstieg.

Die Wanderung zum Schober über dem Fuschlsee zählt für den trittsicheren Bergwanderer zu den kurzen Genußtouren im Salzkammergut. Sie ist spannend und hält allerlei Überraschungen und landschaftliche Höhepunkte bereit. Dazu zählt auch die aus dem Mittelalter stammende Ruine Wartenfels. Große Freude haben auf dieser Tour Kinder, die Felskontakt suchen. Sie dürfen sich den Schober unter Führung erfahrener Erwachsener zutrauen. Rechts vom Steinbau steigt man auf einem Waldweg zuerst zu einer kleinen Scharte und von dieser links zur **Ruine Wartenfels** hinauf. Durch den ehemaligen Rittersaal führt eine gut begehbare Steiganlage zu einer Panoramascheibe am höchsten Punkt. Von der Scharte zieht der rechte Pfad in Serpentinen über die »Weiberrast« steil zum **Schober** hinauf und bietet verschiedentlich reizvolle Tiefblicke zur Burgruine. Im oberen Anstiegsdrittel trifft man auf Drahtseile, die am gut gestuften, aber stark abgetretenen, felsigen Gipfelaufbau für die erforderliche Sicherheit sorgen. Vom Kreuz steigt man in einer Minute durch einen kleinen Kamin mit Hilfe von Eisenklammern zur vollständig erneuerten **Unterstandshütte** ab. Ostseitig quert unterhalb der Gratschneide ein Waldsteig südwärts zum **Frauenkopf**. Der weitere **Abstieg** folgt noch eine Weile dem Grat und schwenkt dann rechts in eine schluchtartige Rinne. In weiten Schleifen geht es über Schutthänge und durch den Wald talwärts. Bei der ersten Weggabelung schert man nach rechts auf einen straßenbreiten Wanderweg aus, der zum Parkplatz bei der **Jausenstation Wartenfels** hinabführt.

Am Schober: Blick auf Mondsee (links) und Drachenwand (Mitte).

9 Sattelalm und Filbling

Auf schattigen Waldwegen zum freien Hochsitz über dem Fuschlsee

Gasthaus Oberascher – Sattelalm – Filbling – Sattelalm – Steinbräu – Oberascher

Talort: Faistenau, 786 m. Anfahrt: Westautobahn bis Ausfahrt Thalgau und nach Hof bei Salzburg. Bei der Abzweigung am östl. Ortsende rechts in Richtung Faistenau.

Ausgangspunkt: Gasthaus Oberascher, 738 m. Von Faistenau 2,4 km in Richtung Tiefbrunnau fahren.

Gehzeiten: Oberascher – Sattelalm 1 Std., Sattelalm – Filbling 1 Std., Filbling – Sattelalm gut ½ Std., Sattelalm – Steinbräu – Oberascher knapp 1 Std.; Gesamtgehzeit: 3½ Std.

Höchster Punkt: Filbling, 1307 m.

Höhenunterschied: Ca. 600 m.

Anforderungen: Breite Wanderwege zur Sattelalm, Steige über den Filbling (S. »blau« bis »rot«), Route von der Sattelalm in Richtung Filblingsee bei Nässe schmierig. Die Abstiegswege von der Sattelalm verlieren sich stellenweise. Wegbeschreibung beachten!

Einkehrmöglichkeiten: Gasthaus Oberascher (Di. Ruhetag), Steinbräu (Mi. Ruhetag), Brunnen und schöner Rastplatz an der Sattelalm (nicht bew.).

Sehenswertes: Rundsicht am Filbling. Dorflinde und Kirche in Faistenau.

Variante: Abstieg zum Filblingsee hin und zurück gut ½ Std.

Die reizvolle Lage der Sattelalm, der versteckte Filblingsee, die freie, blumengesäumte Gipfelschneid des Filbling vor der Kulisse des Schober und des Fuschlsees, der Rundblick über das östliche Salzkammergut und die Kalkalpen zwischen Dachstein und Watzmann, zwischen Hochkönigstock und Totem Gebirge sowie eine weite Schau ins Alpenvorland werden dem Wanderer auf dieser bescheidenen Bergfahrt geschenkt.

Vom **Oberascher** wandert man auf der Straße ca. 200 m in Richtung Faistenau zurück. Vor dem »Haus Ursprung« zweigt rechts ein breiter Waldweg ab, der das Kahlegg westseitig umgeht und schließlich die weite Lichtung um die **Sattelalm** erreicht. Unmittelbar dahinter (Ww. » 30 Min. Filblingsee«) in den Wald, gleich darauf über eine Forststraße hinweg und schräg rechts auf einen Rücken, hinter dem sich in schattiger Tiefe der **Filblingsee** versteckt. Hier auf der Anhöhe mündet auch der Weg von Fuschl ein und zieht gemeinsam mit unserer Route über einen felsdurchsetzten Waldrücken gegen Nordwesten zur freien Gipfelschneid des **Filbling** hinauf. Völlig eben wandert man zum Kreuz hinüber. Dahinter steigt man entlang eines unschwierigen Grates annähernd 100 Hm ab und darf dann den kleinen Wegweiser *»Faistenau«* zur Linken nicht übersehen (ca. 10 m davor Grenzmarkierung an einem Stein!). Dieser Steig ist zunächst schmal, quert einen bewaldeten Steilhang, verläuft aber bald auf breiter Spur zu einem Sattel hinab, wo er auf eine Forststraße trifft. Ihr folgt er ca. 600 m links zu einer Verzweigung, deren rechter Ast zur **Sattelalm** hinausführt. Schräg links geht es nun weglos über die Almwiesen hinweg zu einem Durchschlupf durch eine Hecke (Drehkreuz, *Weg Nr. 40 »Steinbräu«*), dahinter am Waldrand entlang nach links auf einen Boden hinab (zwei Fichten in dessen Mitte) und im Linksbogen zum gegenüberliegenden Waldrand, wo man Anschluß an einen breiten Weg in die Tiefbrunnau findet. Bei einer Hütte trifft man auf eine Fahrstraße und folgt ihr rechts in einigen Kehren zum **Steinbräu** hinab. Auf der Hauptstraße geht es noch gut 300 m nach rechts zum **Oberascher**.

Am Filbling: Blick über den Fuschlsee nach Fuschl und zum Schober (links).

10 Faistenauer Schafberg – Loibersbacher Höhe

Kurze Wege auf zwei interessante Gipfel

Schafbachalm-Parkplatz – Schafbergalm – Oberwiesalm – Faistenauer Schafberg – Oberwiesalm – Loibersbacher Höhe – Oberwiesalm – Schafbergalm – Schafbachalm

Talorte: Faistenau, 786 m; Fuschl am See, 670 m.

Ausgangspunkt: Schafbachalm-Parkplatz, 1038 m. Anfahrt: Westautobahn bis Ausfahrt Thalgau – Hof – Faistenau – links in die Tiefbrunnau – bei km-Marke 5,8 rechts zur Schafbachalm – ca. 3,7 km bis zum Privatparkplatz (statt Parkgebühr wird Einkehr erwartet!). Zufahrt auch über Fuschl.

Gehzeiten: Schafbachalm – Schafbergalm – Oberwiesalm – Faistenauer Schafberg 1½ Std., Faistenauer Schafberg – Loibersbacher Höhe knapp ¾ Std., Loibersbacher Höhe – Parkplatz 1 Std.; Gesamtgehzeit: gut 3 Std.

Höchste Punkte: Faistenauer Schafberg, 1559 m; Loibersbacher Höhe, 1456 m.

Höhenunterschied: Gut 600 m für beide Gipfel.

Anforderungen: Gut markierte, unschwierige Wanderwege, Gipfelanstieg zum Schafberg etwas steil, bei Nässe unangenehm. Achtung: Abbruchkante im Grat- und Gipfelbereich!

Einkehrmöglichkeiten: Schafbachalm (durchgehend bew. Pfingsten – Allerheiligen, sonst an schönen Wochenenden, ℰ 06228 / 71 86), Döllereralm (durchgehend bew. Ende Mai – Ende Sept., im Okt. an schönen Wochenenden), Lanzenalm (bew. Mitte Juni – Ende Sept.).

Sehenswertes: Almgelände am Fuß des Schafberges, Aussicht vom Schafberggipfel.

Variante: Zugang zum Faistenauer Schafberg und zur Loibersbacher Höhe auch vom Döllerer auf einer Forststraße über Mittereggalm und Oberwiesalm, ca. ½ Std. länger.

Die Oberwiesalm vor der Loibersbacher Höhe, im Hintergrund der Hohe Göll.

Faistenauer Schafberg und Loibersbacher Höhe haben von Westen und von Osten einen problemlosen Zugang zu bieten. Die Ostroute über die Schafbach- und Schafbergalmen ist wegen des höheren Ausgangspunktes (Parkplatz bei der Schafbachalm) wesentlich stärker frequentiert als die von der Gegenseite. Kurze Anstiegswege und ein reizvolles Gipfelpanorama über herrlichem Almgelände verhalfen der Wanderung zu ihrem Beliebtheitsgrad. Vom **Parkplatz** auf der Straße weiter zu einer Gabelung, dort rechts zur **Schafbachalm** und über einen kurzen, bewaldeten Steilhang westwärts zu einer Almstraße (*Weg 41*). Diese führt in Schleifen zuerst im Wald, dann über Weidegelände zu den Hütten der **Schafbergalm** hinauf. An diesen geht man rechts vorbei und erreicht über steile Grashänge den Sattel mit der unübersehbaren **Oberwiesalm**. Rechts steigt man zuerst über einen Grasrücken, dann durch Wald und zuletzt an einem freien, abflachenden Grat entlang zum umfriedeten Gipfelkreuz des **Schafberges** hinauf. Zur **Loibersbacher Höhe** wandert man von der Oberwiesalm über einen breiten Grasrücken hinauf, der vom Schafberg sehr gut einzusehen ist. Der **Abstieg** erfolgt von beiden Gipfeln über die Anstiegsrouten.

11 Pillstein – Zwölferhorn – Elferstein

Vielbesuchte Aussichtspunkte über dem Wolfgangsee

Sausteigalm-Parkplatz – Stubneralm – Pillstein – Zwölferhorn – Elferstein – Sausteigalm – Parkplatz

Talort: Faistenau, 786 m.

Ausgangspunkt: Parkplatz unter der Sausteigalm, ca. 1070 m. Parken auf eigene Gefahr (Weidevieh). Anfahrt: Westautobahn – Ausfahrt Thalgau – Hof bei Salzburg, dahinter rechts nach Faistenau, dann links in die Tiefbrunnau (10,3 km von Faistenau).

Gehzeiten: Parkplatz – Stubneralm – Pillstein 1½ Std., Pillstein – Zwölferhorn ½ Std., Zwölferhorn – Elferstein knapp ½ Std., Elferstein – Sausteigalm ½ Std., Sausteigalm – Parkplatz 10 Min.; Gesamtgehzeit: gut 3 Std.

Höchste Punkte: Pillstein, 1478 m; Zwölferhorn, 1521 m; Elferstein, 1376 m.

Höhenunterschied: Alle drei Gipfel ca. 520 m.

Anforderungen: Sträßchen bis zum Berghof am Zwölferhorn, Wanderweg zur Sausteigalm, dann erneut Straße.

Einkehrmöglichkeiten: Arnikahütte und Berghaus am Zwölferhorn, Gasthaus Sausteigalm und Lärchenhütte an bzw. in der Nähe der Mittelstation der Zwölferhornbahn (Berghaus und Sausteigalm von Ende Mai bis Ende Okt. durchgehend bew.).

Sehenswertes: Bergkessel um die Stubneralm, Gipfelpanorama. Dorflinde und Kirche in Faistenau, Tiefbrunnau.

Varianten: 1. Vor der Stubneralm links über den Lichteneggersteig durch Bergwald zur Arnikahütte und zum Zwölferhorn (¾ Std. bis Zwölferhorn, etwas schwieriger, aber kürzer als über den Pillstein).

2. Der direkte Abstieg vom Elferstein zur Sausteigalm ist ebenso lang, landschaftlich jedoch wesentlich schöner und etwas schwieriger als der Normalweg. Er führt an einer bewaldeten Abbruchkante entlang, erfordert phasenweise etwas Trittsicherheit und begeistert durch den Tiefblick zum Wolfgangsee (S. »rot«).

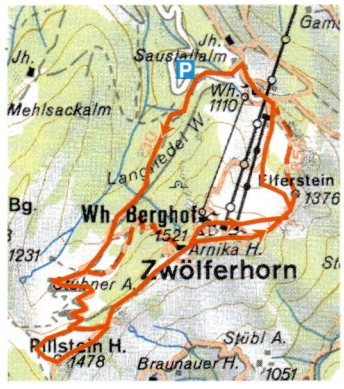

Das Zwölferhorn über St. Gilgen und dem Wolfgangsee ist mit einer Bahn erschlossen und folglich die meiste Zeit des Jahres stark frequentiert. Daneben ist es aber auch an das Wandergebiet von Faistenau angeschlossen und durch eine Talstraße über die Tiefbrunnau sehr gut erreichbar. Der Gipfel wartet mit einem eindrucksvollen Tiefblick zum Wolfgangsee und einem prächtigen Bergpanorama vom Dachstein bis zum Watzmann auf. Der benachbarte Pillstein, bekannt für seine reiche Frühlingsflora, ist mit dem Zwölferhorn durch einen bestens ausgebauten Panoramaweg verbunden und lädt die Benutzer der Bergbahn zu einem Höhenspaziergang ein.

Vom großen **Parkplatz** unter der Sausteigalm geht es im Rechtsbogen auf einer Forststraße zur **Stubneralm**, an dieser im Linksbogen herum und in mehreren weiten Schleifen zum Sattel zwischen Zwölferhorn und Pillstein hinauf. Den **Pillstein** zur Rechten erreicht man in ca. 10 Minuten auf dem Panoramaweg, wobei an der folgenden Verzweigung die linke Route am schnellsten zum Gipfel führt. Man kehrt in den Sattel zurück und wandert zur **Arnikahütte** weiter. Hier steigt man rechts der Straße am Waldrand entlang zum Gipfelkreuz des **Zwölferhorns** hinauf. Nun kann man entweder auf einem gut erkennbaren Steig am Kamm entlang in die Sattelmulde vor dem Elferstein absteigen oder in wenigen Minuten zuerst auf den **Berghof** zusteuern. Von hier führt der Normalweg quer über den freien Gipfelhang unter der Seilbahn hindurch zum vorgenannten Sattel hinab und in wenigen Minuten auf den **Elferstein** (Direktabstieg zur Sausteigalm wie Variante 2!). Der einfachste Abstieg zur **Sausteigalm** wendet sich am Sattel westwärts und erreicht diese durch Wald und eine Wiesenmulde. Von der Jausenstation folgt man einem Sträßchen zur **Lärchenhütte** und links zum **Parkplatz**.

Am Zwölferhorn, im Hintergrund Pillstein und Berchtesgadener Alpen.

12 Hintersee – Eiskapelle – Felsenbad

Zwischen Naturbad und Lawinenschnee

Hintersee (Nordufer-Parkplatz) – Königstatt – Eiskapelle und zurück – Hintersee-Ostufer – Parkplatz – Felsenbad und zurück

Talort: Hintersee, 746 m. Östl. von Hof bei Salzburg zweigt rechts eine Straße über Faistenau zum und nach Hintersee ab.

Ausgangspunkt: Parkplatz am Nordufer des Hintersees. Hinter dem Fischerwirt in Vordersee zweigt etwa bei km-Marke 7,5 rechts ein Sträßchen nach Hallein ab. Nach weiteren 800 m ist links ein Parkplatz.

Gehzeiten: Hintersee/Nordufer – Königstatt gut ½ Std., Königstatt – Eiskapelle und zurück ca. 1¼ Std., Königstatt – Hintersee/Ostufer – Parkplatz ca. 1¼ Std., Parkplatz – Felsenbad und zurück ca. 1 Std.; Gesamtgehzeit: 4 Std.

Höchster Punkt: Eiskapelle, ca. 800 m.

Höhenunterschied: Ca. 120 m.

Anforderungen: Markierte Wanderwege und Straßen.

Einkehrmöglichkeit: Fischerwirt in Vordersee.

Sehenswertes: Königstatt (alte Mühle), Grießbachkessel mit Eiskapelle (Lawinenreste des vorausgegangenen Winters meist bis Juli erhalten, Betreten der Schneehöhlen wegen Einsturz- und somit Lebensgefahr strengstens verboten!), Felsenbad.

Variante: Nur um den See wandern, 1¾ Std.

Die Wanderung um den Hintersee, in den Grießbachkessel und zum Felsenbad darf man nicht als Tour im strengen Sinn ansehen. Sie soll das reiche Angebot an spielerischen Möglichkeiten am See, am Grießbach und besonders am Felsenbad aufzeigen. Kinder (und auch Erwachsene) werden daran ihre Freude haben.

Vom **Parkplatz** geht man auf straßenbreitem *Wanderweg 5* zuerst südwärts über zwei Bäche und läuft dann eben am Westufer entlang immer geradeaus bis zur alten Mühle und Grießbachbrücke in **Königstatt.** Gleich nach der Brücke zweigt rechts der *Weg 51* zum »**Naturdenkmal Eiskapelle**« ab. Er führt zuerst links, kurz hinter einem Gatter rechts des Baches zu den Lawinenresten des vorausgegangenen Winters in den **Grießbachgraben**. Bei

Verzweigungen bleibt man immer in Bachnähe. Hinter der Stempelstelle geht es – soweit möglich – im Bachbett weiter. Auf bekannter Route kehrt man zum Hintersee zurück und wandert dann auf dem Seerundweg rechts am Südufer entlang zum **Ostufer** weiter (Freibadeplatz). Rechts gelangt man zur Hauptstraße hinaus, auf dieser über die Brücke und bis vor die km-Marke 8,8 (Bildstock). Hier geht es links zu den Häusern am See und am Ufer entlang zum **Parkplatz** zurück.

Zum **Felsenbad** folgt man vom Parkplatz – mit oder ohne Fahrzeug – der schmalen Straße 1,6 km durch ein reizvolles Tal in Richtung Hallein (Ww. *»Felsenbad 30 Min.«*) bis zu einer Verzweigung vor einer **Brücke**. Über diese geht es links hinweg und gleich danach rechts (Parkmöglichkeit) auf einem Steig zu den von der Brücke aus gut sichtbaren Gumpen des Felsenbades in die **Almbachschlucht** hinab. Zustieg auch von der rechten Bachseite.

Gerade für Kinder ist das Felsenbad ein idealer Tummelplatz.

13 Genneralm und Hoher Zinken

Weite Schau über die Postalm zum Dachstein

Lämmerbach – Genneralm – Hoher Zinken und zurück

Talort: Hintersee, 746 m. Anfahrt über Westautobahn – Ausfahrt Thalgau – Hof bei Salzburg – Abzweigung am östl. Ortsende rechts, über Faistenau und Hintersee 17 km bis zum Talende in Lämmerbach.
Ausgangspunkt: Talschluß in Lämmerbach, 801 m.
Gehzeiten: Lämmerbach – Genneralm 1½ Std., Genneralm – Hoher Zinken 1½ Std., Hoher Zinken – Lämmerbach ca. 2 Std.; Gesamtgehzeit: ca. 5 Std.
Höchster Punkt: Hoher Zinken, 1764 m.
Höhenunterschied: Ca. 1000 m incl. Gegenanstieg.

Anforderungen: Almsträßchen bis Genneralm, Steig durch steilen Bergwald zum Gipfel (etwas Trittsicherheit erforderlich).
Einkehrmöglichkeiten: 2 Hütten auf der Genneralm: Poschenhütte (Schutzhütte, 16 B., ✆ 0663 / 697 28) und Leitenalm (6 B.), beide bew. Juni mit Sept. und an schönen Wochenenden im Okt.
Sehenswertes: Gelände um die Genneralm, Aussicht vom Hohen Zinken. Hintersee am Anfahrtsweg.
Varianten: 1. Vom Hohen Zinken am Grat in ca. ½ Std. ostwärts zum Osterhorn (gut überschaubar). 2. Gennerhorn, 1¼ Std.

Der Hohe Zinken flankiert das weite Wiesengelände um die Genneralm im Südosten und ist davon durch eine kleine Senke getrennt. Er erhält im Sommer wie im Winter Besuch und bietet eine weite Schau über die Postalm zum Toten Gebirge und Dachstein.

Vom Talschluß in **Lämmerbach** wandert man auf breiter Forststraße bequem

zum freien Sattel bei der **Genneralm**. Hier geht es links hinauf (*Weg 840*), an der Poschenhütte (Titelbild) und Leitenalm vorbei und über die Almböden am Fuß des Holzecks hinweg in eine **Senke** hinab. Dahinter steigt man im steilen Bergwald an, welcher sich mit zunehmender Höhe lichtet. Oberhalb der Waldzone lehnt sich der Nordwesthang all-

mählich zurück. Beim Beginn der Latschenzone holt man nach rechts aus und erreicht durch eine Gasse das Gipfelkreuz.
Hin- und Rückweg sind gleich.

Herbstlicher Ausblick zum Holzeck vom Hohen Zinken aus.

14 Gennerhorn – Gruberhorn – Regenspitz

Anspruchsvolle Gipfelrunde über dem Talschluß von Lämmerbach

Lämmerbach – Genneralm – Gennerhorn – Gruberhorn – Regenspitz – Feichtensteinalm – Gruberalm – Lämmerbach

Talort: Hintersee, 746 m. Anfahrt siehe Tour 13.

Ausgangspunkt: Talschluß in Lämmerbach, 801 m.

Gehzeiten: Lämmerbach – Genneralm 1½ Std., Genneralm – Gennerhorn 1¼ Std., Gennerhorn – Gruberhorn 1 Std., Gruberhorn – Regenspitz ca. ¾ Std., Regenspitz – Feichtensteinalm – Gruberalm – Lämmerbach 1¾ Std.; Gesamtgehzeit: ca. 6½ Std., ohne Gennerhorn ca. 5½ Std.

Höchste Punkte: Gennerhorn, 1735 m; Gruberhorn, 1732 m; Regenspitz, 1675 m.

Höhenunterschied: 1200 m incl. aller Anstiege, ohne Gennerhorn ca. 1000 m.

Anforderungen: Anspruchsvolle Bergwanderung mit mehrfachem Rhythmuswechsel auf langen Gratpassagen. Stabiles Wetter, Trittsicherheit, Schwindelfreiheit, alpine Erfahrung, gute Kondition und festes Schuhwerk erforderlich. Nicht bei Nässe, Vereisung oder windigem Wetter!

Einkehrmöglichkeiten: 2 Hütten auf der Genneralm: Poschenhütte (Schutzhütte, 16 B., ✆ 0663 / 697 28) und Leitenalm (6 B.), beide bew. Juni mit Sept. und an schönen Wochenenden im Okt.; Feichtensteinalm (bew. Mitte Juni – Ende Sept.), Gruberalm (bew. Anf. Juni – Mitte Okt.).

Sehenswertes: Landschaft um die Genneralm, Bergkessel um die Gruberalm, Gipfelpanorama und Tiefblick in den Kessel des Tauglbodens und ins Hinterseer Tal, Rauchkichl in der Feichtensteinalm.

Variante: Nur Gennerhorn: Gut 4½ Std., über 950 Hm hin und zurück, konditionell und technisch leichter als die Rundtour (S. »rot«).

Der ausdauernde und trittsichere Bergwanderer mit alpiner Erfahrung wird auf der Drei-Gipfel-Tour über dem Talschluß von Hintersee und Lämmerbach etwa an einem klaren Herbsttag große Freude empfinden und noch lange von den großartigen Landschaftsbildern auf den langen Gratpassagen schwärmen. Doch auch das Gennerhorn allein, der Wächter über der gleichnamigen Alm, ist einen Besuch wert.

Vom Talschluß in **Lämmerbach** wandert man auf breiter Forststraße bequem zum freien Sattel bei der **Genneralm**. Ein gut gangbarer Steig (*Weg 840*) zweigt von der über den Sattel hinwegführenden Straße dort rechts ab, wo diese zu steigen beginnt. Er führt wie eine Wendeltreppe über Bergweiden, durch einen lichten Waldstreifen, über Schutt- und Grashänge im Rechtsbogen süd- und westseitig um das **Gennerhorn** herum in eine Scharte. Hier steigt man zuerst schräg rechts über einen Grashang, dann in einer langen, von vielen natürlichen Steinstufen aufgebauten Latschengasse entlang der Geländekante zum Gipfel an.

Der Übergang zum benachbarten **Gruberhorn** ist die schwierigste Passage der Rundtour und vom Gennerhorn gut einzusehen: Zunächst zur **Scharte** zurück, dann über einen Grasrücken hinauf, mühsam durch eine brüchige, von Legföhren gesäumte Steilrinne, an ihrem Ende links (!) weiter und kurz darauf links hinausqueren. Sodann mit etwas Geschick – zumeist am Latschenrand entlang – über einen abschüssigen, brüchigen Schrofenhang und über mehrere Steinstufen zum Südgrat und rechts zum Gipfel. Der Grat zum **Regenspitz** ist wiederum gut einzusehen. Wie über eine Hängematte strebt man diesem Ziel zu (siehe Bilder S. 55 und 127).

Zunächst geht es am latschengesäumten Nordwestgrat steil hinab, dann auf der Gratschneide oder über seitliche Bänder und vor dem Regenspitz links an zwei Felszähnen vorbei zum dritten Gipfel. Vom Kreuz steigt man über den Nordostgrat, also den rechten Grat, zur **Feichtensteinalm** ab. Die Steilheit des Geländes nimmt nach unten zu ab, der Pfad wird schließlich von Wald gesäumt und läuft auf die Alm zu in einem breiten Grasrücken aus. Beim Brunnen vor der dritten Hütte kann man gleich rechts über ostseitige Wiesen zum Weg hinabsteigen und auf diesem rechts über Weiden und am Waldrand entlang, sodann im Wald zu einer Weggabelung gelangen. Hier geht es rechts über einige Gräben hinweg zum großartigen Bergkessel der **Gruberalm** hinaus, die von den drei bestiegenen Gipfeln umrandet wird. Auf einer Almstraße kehrt man nach **Lämmerbach** zurück.

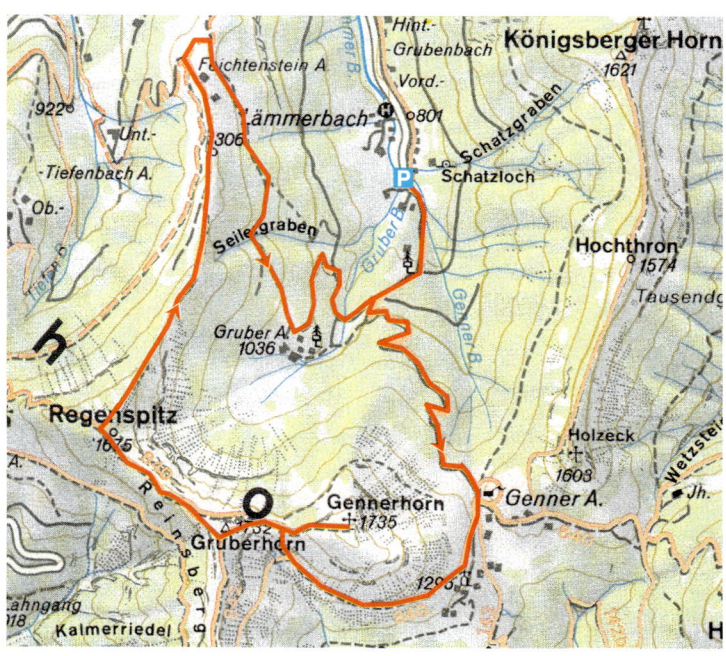

15 Feichtensteinalm – Regenspitz – Bergalm

Bequeme Almwege – steile Gipfelpfade

Satzstein – Feichtensteinalm – Regenspitz – Bergalm – Satzstein

Talort: Hintersee, 746 m. Östl. von Hof bei Salzburg zweigt rechts eine Straße über Faistenau nach Hintersee ab (knapp 14 km von der Abzweigung bei Hof).

Ausgangspunkt: Parkplatz beim Satzstein (Findling). An der Kirche in Hintersee rechts abzweigen, 700 m zum Parkplatz.

Gehzeiten: Satzstein – Feichtensteinalm ca. 2 Std., Feichtensteinalm – Regenspitz 1¼ Std., Regenspitz – Bergalm ¾ Std., Bergalm – Satzstein 1 Std.; Gesamtgehzeit: ca. 5 Std.

Höchster Punkt: Regenspitz, 1675 m.

Höhenunterschied: Ca. 920 m.

Anforderungen: Breite Wege im Almbereich (S. »blau«), steile Pfade am Regenspitz (Trittsicherheit erforderlich, S. »rot«).

Einkehrmöglichkeiten: Feichtensteinalm (bew. Mitte Juni – Ende Sept.), Jausenstation Bergalm (bew. Pfingsten – Allerheiligen, 5 B., ☏ 0664 / 357 49 92), Neureithütte (bew. Mitte Juni – Allerheiligen, 14 B., ☏ 0664 / 356 68 54), Gruberalm (nur bei Variante 1, bew. Anf. Juni – Mitte Okt.).

Sehenswertes: Panorama vom Regenspitz, Landschaft um Tauglboden und Hintersee, der Irrblock des Satzstein (Naturdenkmal), Rauchkuchl in der Feichtensteinalm.

Varianten: 1. Hintersee – Satzstein – Feichtenstein (vor der Feichtensteinalm nordwärts durch eine Senke und über einen breiten Rücken mit lichtem Baumbestand zum Gipfelkreuz des Feichtenstein) – zurück zur Feichtensteinalm – ostseitig hinab zur Gruberalm – auf einer Forststraße nach Lämmerbach und auf der Straße bzw. am Wanderweg nach Hintersee (insgesamt 4½ – 5 Std., S. durchwegs »blau«).

2. Von der Feichtensteinalm am rechten Zaun entlang, dann ziemlich höhengleich über Wiesen und durch einen breiten Waldgürtel auf der Westseite des Regenspitz zur Bergalm (S. meist »blau«, nicht bei Nässe, ca. ¾ Std. von Alm zu Alm), problemloser Abstieg von dort zum Satzstein wie beschrieben.

3. Von Hintersee zum Satzstein, dort links zur Hubertuskapelle (beschildert, gut ½ Std. hin und zurück, S. »blau«).

Der Regenspitz in der Osterhorngruppe zählt zur Kategorie jener Gipfel, die zu allen Jahreszeiten und von mehreren Seiten bestiegen werden und sich

Spätherbst am Regenspitz, hinten links das Gennerhorn, rechts das Gruberhorn.

bequem in lohnende Rundtouren bzw. Überschreitungen einbinden lassen.
Beim **Satzstein**, einem gewaltigen, überhängenden Irrblock, verzweigen
drei Sträßchen. Das mittlere führt unmittelbar rechts am Findling vorbei,
steigt steil zu einem alten Gehöft an, führt dann flacher talaufwärts, über eine
Brücke, an der **Tiefenbachalm** vorbei und ein Stück dahinter in einer Linkskehre steiler in den Wald. An den folgenden Verzweigungen geht es zuerst
rechts, kurz darauf links weiter und auf einen Wiesenrücken hinaus. Hier
kann man nordwärts durch eine meist feuchte Senke zum **Feichtenstein**
abzweigen (siehe Variante 1) oder südwärts über den freien Riedel zur
Feichtensteinalm hinaufwandern. In gleicher Richtung führt der Weg am
linken Zaun weiter zum **Regenspitz**, wobei sich der zunächst breite Almrük-
ken zu einem Grat verjüngt, der zuerst von Wald, dann von Latschen gesäumt ist.
Vom Gipfelkreuz steigt man rechts über den Nordwestgrat, etwa in Richtung
Schmittenstein, zunächst über freies Gelände, dann steil im Wald und zuletzt
über Wiesen zur **Bergalm** ab. Kurz vor der Jausenstation zeigt bei einem
Zaun ein Wegweiser nach rechts in Richtung **Hintersee**. Auf breitem Wanderweg geht es an den Osthängen des Bergköpfls entlang zur Auhofalm, wo
man Anschluß an eine Forststraße findet, über die man in Richtung Hintersee
zum **Satzstein** zurückkehrt.

16 Ochsenberg, 1483 m

Schneerosenwanderung mit weiter Schau in den Rupertiwinkel

Schöne Aussicht – Eibleckalm – Ochsenberg und zurück

Talort: Gaißau, 710 m.
Ausgangspunkt: Jausenstation »Schöne Aussicht«, ca. 960 m. Anfahrt: Autobahnausfahrt Hallein, an der Ampel zweimal rechts in Richtung St. Gilgen, Gaißau. Bei km 8,7 rechts in Richtung Gaißau, hinter der km-Marke 10,8 links abzweigen und auf der Spielbergstraße 2,5 km zur »Schönen Aussicht« (Privatparkplatz, Erlaubnis einholen oder am Straßenrand parken).
Gehzeiten: Schöne Aussicht – Eibleckalm gut 1 Std., Eibleckalm – Märchenhütte – Ochsenberg knapp ½ Std., Ochsenberg – Schöne Aussicht 1 Std.; Gesamtgehzeit: 2½ Std.
Höchster Punkt: Ochsenberg, 1483 m.
Höhenunterschied: 520 m.
Anforderungen: Überwiegend breiter, gut markierter Wanderweg, zuletzt leichter Wiesensteig.
Einkehrmöglichkeiten: Jausenstation »Schöne Aussicht« am Ausgangspunkt (ganzj. bew., Di. Ruhetag).
Sehenswertes: Aussicht auf die Salzkammergutberge, Berchtesgadener Alpen und das Alpenvorland. Schneerosenblüte etwa Anfang Mai.
Varianten: 1. Vom Ochsenberg in knapp ½ Std. meist weglos am bewaldeten Grat entlang (Zaun) südwärts in einen Sattel und auf das etwas höhere Eibleck (1517 m). Vom Gipfel rechts durch einen Waldstreifen hinab und am linken Waldrand über die Weiden der Eibleckalm z. T. steil zum Anstiegsweg zurück (insgesamt ca. ½ Std. länger).
2. Vom Tal auf der Spielbergstraße in knapp 1 Std. über 300 Hm zur »Schönen Aussicht«.

Der unscheinbare, zwischen Wiestalstausee und Hintersee gelegene Ochsenberg steht wie ein Hochsitz über der Ebenau und entpuppt sich für den Wanderer als lohnender und zumeist stiller Aussichtspunkt, der eine Schau bis weit ins Alpenvorland hinaus bieten kann. Bei guter Sicht blickt das Auge über den Rupertiwinkel hinaus und erfaßt neben der nordwestlichen Seenplatte des Salzkammergutes sogar noch den Waginger und den Chiemsee. Von der **»Schönen Aussicht«** wandert man auf der Spielbergstraße an der Mautstelle vorbei, zweigt 200 m dahinter links ab und folgt dem Ww. »*Eibleck, Ochsenberg 11*«. In einem weiten Linksbogen zieht ein breiter Versorgungsweg durch den Wald zu der bereits vom Ausgangspunkt sichtbaren Eibleckalm hinauf. An der ersten Wegverzweigung im Wald hält man sich rechts, hinter einer Doppelschleife geht's geradeaus weiter und an den folgenden Gabelungen bleibt man stets auf der breiteren Spur. Diese führt schließlich an den beiden Hütten der **Eibleckalm** vorbei und endet ein gutes Stück dahinter in einer **Waldlichtung**. Hier zweigt rechts ein Steig ab, der zur nahen »Märchenhütte« und über einen breiten Wiesenstreifen zum Gipfelkreuz am **Ochsenberg** hinaufzieht, welches sich lange hinter einem lichten Waldstreifen versteckt. Der **Rückweg** erfolgt auf gleicher Route.

Schneerosenblüte am Ochsenberg.

17 Über den Spielberg zum Wieserhörndl

Kurze Gipfelwege über der Spielbergalm

Spielbergalm-Parkplatz – Spielberg – Wieserhörndl – Latschenalm – Parkplatz

Talort: Gaißau, 710 m.
Ausgangspunkt: Spielbergalm-Parkplatz, ca. 1260 m. Anfahrt: Tauernautobahn bis Ausfahrt Hallein, an der Ampel zweimal rechts in Richtung St. Gilgen, Gaißau. Bei km 8,7 rechts in Richtung Gaißau, hinter der km-Marke 10,8 links über die Spielbergstraße 5 km zur Spielbergalm, zuletzt Mautstraße.
Gehzeiten: Parkplatz auf der Spielbergalm – Spielberg ½ Std., Spielberg – Wieserhörndl ¾ Std., Wieserhörndl – Latschenalm knapp ½ Std., Latschenalm – Spielbergalm – Parkplatz ½ Std.; Gesamtgehzeit: ca. 2 Std.
Höchste Punkte: Spielberg, 1428 m; Wieserhörndl, 1567 m.
Höhenunterschied: 350 m für beide Gipfel.
Anforderungen: Gut markierte, stellenweise nur wenig ausgeprägte Wald- und Wiesensteige, bei Nässe z.T. schmierig.
Einkehrmöglichkeiten: Spielbergalm (bew. Juni mit Sept., im Mai und Okt. nur an schönen Wochenenden, ☎ 06240 / 385), Latschenalm (bew. Juni mit Okt., Mi. Ruhetag, im Mai nur an schönen Wochenenden,

Hinweise bei der Abzweigung im Tal beachten), Jausenstation »Schöne Aussicht«, 200 m vor der Mautstelle (Di. Ruhetag).
Sehenswertes: Panorama vom Wieserhörndl: vom Dachstein bis zum Watzmann.
Varianten: 1. Wieserhörndl über Spielbergalm: Beim Schlepplift hinter dem Gasthaus zum Waldrand hinauf, an der rechts entlang und anschließend über Weidehänge und einen Schlepplift zum Gipfel (1 Std. vom Parkplatz, ca. 300 Hm Anstieg).
2. Von Gaißau in ca. 2 Std. auf Straßen und Forstwegen zur Spielbergalm.

Das übersichtliche Gelände um das Skigebiet der Spielbergalm ist auch in den Sommermonaten ein vielbesuchtes und durch eine Mautstraße erschlossenes Wandergebiet. Besonders der aussichtsreiche Gipfel des Wieserhörndl liegt in greifbarer Nähe. Viele Gäste nutzen nur das Verbindungssträßchen zwischen der Spielbergalm und der Latschenalm zu einem etwa halbstündigen Spaziergang.

Von der Kapelle am **Parkplatz** wandert man auf dem Sträßchen im Bogen durch die Almsiedlung und zweigt ein gutes Stück dahinter links ab. Ein Steig führt auf einen »verdrahteten« Rücken hinauf und über diesen zum **Spielberg**. Hier geht es rechts in eine Scharte hinab und über den bewaldeten Kamm ostwärts, ehe man im Bereich steilerer Weidehänge auf den von der Spielbergalm heraufführenden Steig trifft und über die Bergstation eines großen Schlepplifts das **Wieserhörndl** erreicht. Wer nicht auf kürzestem

Weg zum Ausgangspunkt zurückkehren will – siehe Variante 1! – , kann die Runde über die Latschenalm ausdehnen. Vor der Bergstation wendet man sich nach links und folgt entweder dem dürftigen Pfad entlang des Latschengürtels oder steigt etwas abseits davon ziemlich weglos, aber beschildert zu einer markanten, einzelnen Fichte ab. Dahinter geht es zu einem querverlaufenden Fichtenstreifen und rechts davon über schrofiges Gelände hinab zur **Latschenalm**.

Auf einem Sträßchen wandert man rechts auf die Südseite des Wieserhörndls hinaus und über die **Spielbergalm** zum **Parkplatz** zurück.

Alpenastern begnügen sich mit ein wenig Erde zwischen den Felsen.

18 Mörtelbachtal und Ladenbergalm

Tal- und Almwanderung mit oder ohne alpiner Fleißaufgabe

Gaißau/Liftparkplatz – Mörtelbachtal – Zisterbergalm – Sattel – (Schmittenstein und zurück) – Ladenbergalm – Lasserbauer – Parkplatz

Talort: Gaißau, 710 m.
Ausgangspunkt: Liftparkplatz, 864 m. In Gaißau vor der Brücke links weiter und ca. 2 km zum großen Liftparkplatz.
Gehzeiten: Liftparkplatz – Mörtelbachtal – Zisterbergalm ca. 1½ Std., Zisterbergalm – Sattel ½ Std., (Sattel – Schmittenstein und zurück 2¼ Std.,) Sattel – Ladenbergalm ½ Std., Ladenbergalm – Lasserbauer – Parkplatz 1¼ Std.; Gesamtgehzeit: knapp 4 Std., mit Schmittenstein ca. 6 Std.
Höchste Punkte: Sattel, 1291 m; Schmittenstein, 1695 m.
Höhenunterschied: Ca. 650 m, mit Schmittenstein 1050 m.
Anforderungen: (Forst)straßen und breite

Wanderwege auf der Rundtour, alpiner Steig zum Schmittenstein (Trittsicherheit und Schwindelfreiheit erforderlich, S. »rot«, eine Stelle »schwarz«).
Einkehrmöglichkeiten: Sagwirt in Gaißau (Mo./Di. Ruhetag), Ramsauhütte auf der Ladenbergalm (bew. Mitte Juni – Anf. Okt., 8 L., 4 B.).
Sehenswertes: Mörtelbachtal und Talschluß, Kessel um die Ladenbergalm, Schmittenstein-Panorama.
Varianten: 1. Rundtour von Gaißau (Sagwirt) ins Mörtelbachtal ca. ¾ Std. länger.
2. Von Hintersee zur Ladenbergalm (wie Tour 15 zum Satzstein, dann 7 km Forststraße, 2¼ Std.).

Der festungsähnliche Schmittenstein.

Dieser Tourenvorschlag bietet eine angenehme Talwanderung entlang des Mörtelbaches zur Zisterbergalm und zur gastlichen Ladenbergalm, sonnige Berglehnen beim Abstieg nach Gaißau und – für den Bergwanderer mit alpiner Erfahrung – einen höchst interessanten Abstecher zum Schmittenstein, der den Talkessel von Gaißau überragt.

Vom unteren Ende des Liftparkplatzes wandert man auf der Straße ca. 300 m in Richtung Gaißau zurück und zweigt dann bei einem Gehöft links ins **Mörtelbachtal** ab, in das ein breiter Wanderweg hinabführt. Dort geht es bis hinter die zweite Brücke (Wendeplatz mit Weggabelung) bachaufwärts. Hier steigt man am rechten Sträßchen bis zur nächsten Verzweigung an, biegt dort links ab, zieht auf einem breiten Almweg am Hang entlang zur **Zisterberg-alm** und in einem weiten Linksbogen über Bergweiden zum **Sattel** östlich des Schmittenstein hinauf. Noch vor dem Gatter führt links in leichtem Gefälle der Waldweg zur Ladenbergalm weiter. Die Schmittenstein-Aspiranten steigen vom Sattel rechts über einen breiten Grasrücken, dann steil im Wald, anschließend über einen flachen Gratabschnitt zum Sockel des Schmittenstein-Ostgipfels an, wobei ihnen an einer von zwei Felspassagen ein Drahtseil über ein gestuftes Wandl hilft. Am Ostgipfel queren sie rechts entlang und treffen zuerst auf den vom Schlenken herüberführenden Steig, bevor sie den letzten Steilaufschwung zum Schmittenstein nehmen. Auf gleicher Route geht's zum Sattel zurück. Hinterm Gatter wandert man rechts durch den Wald zu einer Weggabelung, steigt hier erneut rechts in wenigen Minuten steil zu einem Sattel hinauf (Zaun) und dahinter zur nahen **Ladenbergalm** hinab.

Man kehrt wieder zur letzten Weggabelung zurück und läuft dann rechts zuerst auf einem Wanderweg, anschließend auf einer Forststraße talwärts. An der nächsten Verzweigung hält man sich links, passiert eine Jagdhütte und geht an der folgenden Straßengabelung nur noch ca. 40 m nach links, um dann rechts auf einem etwas versteckten, aber gut gangbaren Steig zum Lasserbauer abzuzweigen. Dabei geht es zuerst durch ein Waldstück (Überquerung eines Bächleins), ehe man über sonnige Bergwiesen den **Lasserbauer** erreicht. Dort findet man Anschluß an die Straße und folgt dieser talwärts bis zum **Parkplatz**.

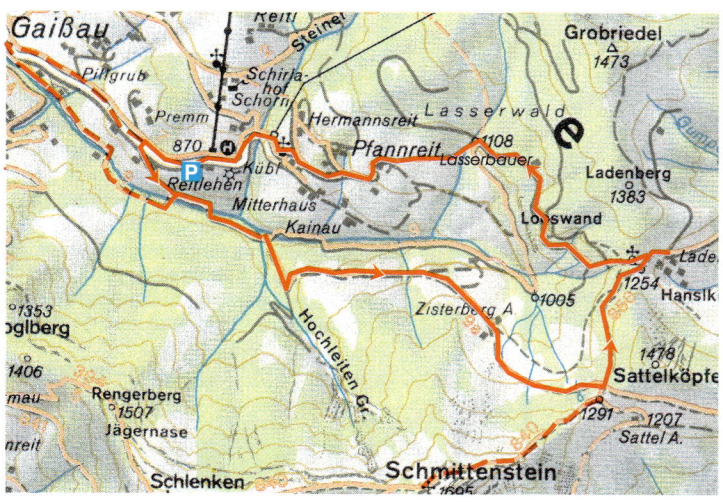

19 Von Zillreith zum Schlenken, 1649 m

Beherrschender Wald- und Wiesenberg über dem Salzachtal

Zillreith – Halleiner Haus – Formau – Jägernase – Schlenken – Schlenkenalm – Zillreith

Talorte: Adnet, 482 m; Gaißau, 710 m; Krispl, 927 m.

Ausgangspunkt: Zillreith, 1116 m. Anfahrt: Autobahnausfahrt Hallein – Richtung St. Gilgen bis Seefeldmühle – rechts in Richtung Krispl – bei km 6,1 wieder rechts nach Zillreith (2,4 km). Parkmöglichkeit für Wanderer am Ende der Steigung (Straßenrand) vor dem Privatparkplatz des Gasthofes.

Gehzeiten: Zillreith – Formau – Jägernase – Schlenken 2 Std., Schlenken – Schlenkenalm – Zillreith 1½ Std.; Gesamtgehzeit: 3½ Std., An- und Abstieg über Schlenkenalm gleiche Zeit.

Höchster Punkt: Schlenken, 1649 m.

Höhenunterschied: Ca. 530 m.

Anforderungen: Leichte Route über die Schlenkenalm (Almsträßchen und Wanderwege S. »blau«), anspruchsvollere Route am Jägersteig über den Nordwestgrat (stellenweise Trittsicherheit und etwas Schwindelfreiheit erforderlich, S. an einigen Stellen »rot«).

Einkehrmöglichkeiten: Gasthaus Zillreith (ganzj. bew., Di. Ruhetag, ✆ 06240 / 363), Halleiner Haus (1150 m, TVN, ganzj. bew., 34 B., 10 L., Do. Ruhetag, ✆ 06240 / 415), Schlenkenalm (Mitte Juni – Ende Sept. durchgehend bew., davor und danach nur an schönen Wochenenden), Gasthaus Alpenrose am Anfahrtsweg nach Zillreith.

Sehenswertes: Ausblick vom Schlenken.

Der Schlenken, ein ausladender und dominierender Wald- und Wiesenberg östlich der Salzach, wird im Winter wie im Sommer von verschiedenen Seiten gerne bestiegen. Als besonders einladend erweist sich stets die Zillreith-Route, da man mit dem Pkw bis zum gleichnamigen Gasthof auf rund 1100 m Seehöhe hinauffahren kann. Die verbleibenden zwei Anstiegsstunden zum Gipfel kann man genießen. Der halbwegs Geübte entscheidet sich

Vom Schlenken blickt man auf Hohen Göll, Watzmann und Hochkalter (von links).

gewöhnlich für eine Rundtour: Anstieg über den Jägersteig – Abstieg über die Schlenkenalm. Dem Nur-Wanderer schenkt die Route über die Schlenkenalm im Hin- und Rückweg Erfolg und Befriedigung.

Von **Zillreith** auf einem Wirtschaftsweg in knapp 10 Min. zum **Halleiner Haus** und auf der Straße oder rechts davon entlang eines mäßig geneigten Waldrückens nach **Formau**. Ca. 50 m hinter den Bungalows gabelt sich der *Weg Nr. 840*: Geradeaus über die **Schlenkenalm** (leicht), links über den **Jägersteig** entlang des Nordwestgrates zum Schlenken. Der Gratweg durchquert zuerst einen Hochwald und steigt hinter einer Schonung direkt zum Grat empor. Diesem folgt er über die **Jägernase** zum **Gipfel**. Bis zum letzten Aufschwung ist der Pfad von Wald gesäumt, von unterschiedlicher Steilheit und sowohl landschaftlich wie technisch abwechslungsreich. Einer schmalen Gratpassage kann man problemlos rechts ausweichen.

Die leichte Route folgt dem Forststräßchen in langer Hangquerung durch Wald zur **Schlenkenalm**. Am linken Sträßchen wandert man dort zur obersten Hütte hinauf, auf einem Steig noch ein kleines Stück links weiter, dann diagonal über den ausladenden Südwesthang nach rechts zum **Schlenken**. Der **Abstieg** erfolgt gewöhnlich auf der Route über die Schlenkenalm.

20 Vom Schmittenstein zum Schlenken

Hohe Route über dem Nigelkar

Rengerberg – Nigelkaralm – Tenneralm – Schmittenstein – Schlenken – Schlenkenalm – Nigelkaralm – Rengerberg

Talort:: Vigaun, 468 m.

Ausgangspunkt: Rengerberg-Straße, ca. 1000 m. Anfahrt: Autobahnausfahrt Hallein, weiter nach Vigaun; 1,8 km nach der Kirche links in Richtung »Rengerberg, Broswirt«. An Straßengabelungen oberhalb des Gasthauses stets rechts. 5,9 km nach dem Broswirt zweigt hinter einer Linkskehre (Haus) rechts ein Sträßchen ab, an dessen Rand die günstigste Parkmöglichkeit besteht.

Gehzeiten: Rengerberg-Straße – Nigelkaralm ½ Std., Nigelkaralm – Tenneralm – Schmittenstein 1¾ Std., Schmittenstein – Schlenken gut 1 Std., Schlenken – Schlenkenalm ca. 20 Min., Schlenkenalm – Nigelkaralm – Rengerberg-Straße 1 Std.; Gesamtgehzeit: 4½ – 5 Std.

Höchste Punkte: Schlenken, 1649 m; Schmittenstein, 1695 m.

Höhenunterschied: 800 m incl. Gegenanstiege.

Anforderungen: Markierte Wanderwege und Steige von unterschiedlicher Beschaffenheit, zwischen Schlenken und Schmittenstein alpine Erfahrung, Trittsicherheit und stellenweise auch Schwindelfreiheit erforderlich, am Grat zwei Drahtseilpassagen. Nicht bei Nässe oder Vereisung.

Einkehrmöglichkeiten: Schlenkenalm (Mitte Juni – Ende Sept. durchgehend bew., davor und danach nur an schönen Wochenenden), Broswirt am Anfahrtsweg (Di. Ruhetag).

Sehenswertes: Gipfelpanorama.

Der Verbindungsgrat zwischen Schlenken und Schmittenstein zählt zu den Genußtouren der Osterhorngruppe und kann von jedem trittsicheren und schwindelfreien Wanderer bei normalen Verhältnissen durchgeführt werden.

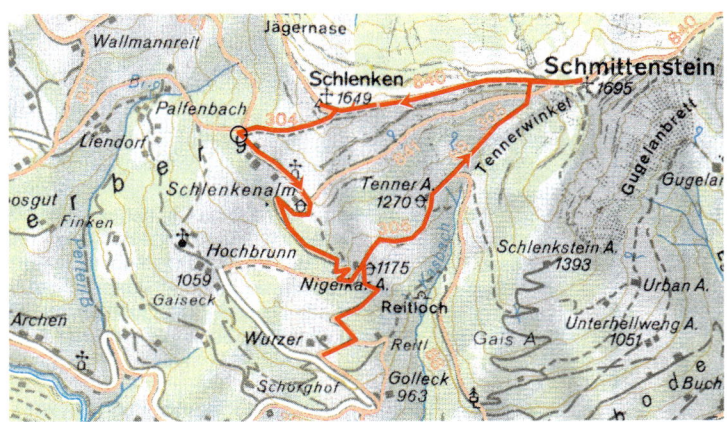

Der turmartige Schmittenstein ist auf dem ersten Wanderabschnitt Wegweiser und Ziel zugleich. Ihn soll Napoleon einst für eine Festung gehalten und deshalb beschossen haben.

Vom Ausgangspunkt auf der Rengerberg-Straße noch 200 m weiter zur nächsten Abzweigung, auf dieser rechts zu einem Eisengatter und dahinter auf einer Almstraße durch einen Waldgürtel zur **Nigelkaralm**. Hier zweigt man vom Sträßchen rechts ab, durchmißt hinter dem Almbrunnen auf zunächst undeutlichem, später gut erkennbarem Steig eine Grasmulde und strebt dem Waldrand sowie der darüber sichtbaren **Tenneralm** zu. Deren drei Hütten bleiben links liegen. Über eine ausladende Rampe wandert man am Hang entlang zum turmartigen Schmittenstein, durchquert dabei einen Buchenwald und müht sich dahinter auf die Grathöhe hinauf. Durch Sträucher und Latschen und über gestuften Fels (kurzes Seilgeländer bei einem Marterl) steigt man zum Felssockel an, quert dort links (nordseitig) entlang und nimmt zuletzt mit dem von der Sattelalm heraufführenden Steig den letzten Aufschwung zum **Schmittenstein**. Auf gleicher Route kehrt man zum tiefsten Punkt am Grat zu-

Bei der Nigelkaralm, im Hintergrund der Schmittenstein.

rück und folgt diesem zum **Schlenken**. Mit Ausnahme eines gestuften, seilgesicherten Grataufschwunges ist die von Sträuchern gesäumte, plattige Gratstrecke zum nächsten Ziel weniger steil. Vom Schlenkenkreuz geht's links zum Südwesthang und über diesen diagonal auf die rechte, oberste Hütte der **Schlenkenalm** und zur Jausenstation. Nun quert man über den ganzen Hang ostwärts zur letzten Hütte und läuft sodann in mehreren Schleifen durch den Wald zur **Nigelkaralm** hinab, wo sich die Runde schließt und man auf bekannter Route zum **Ausgangspunkt** zurückkehrt.

21 Glasenbachklamm und Erentrudisalm

Beliebte Wanderwege bieten einen Blick in die Erdgeschichte

Glasenbachklamm – Höhenwald – Fageralm – Erentrudisalm – Oberleiten – Klammeingang

Talort: Glasenbach, 450 m.
Ausgangspunkt: Parkmöglichkeit vor der Glasenbachklamm; beschilderte Zufahrt.
Gehzeiten: Glasenbachklamm – Höhenwald 1¼ Std., Höhenwald – Fageralm – Erentrudisalm 1 Std., Erentrudisalm – Oberleiten – Klammeingang 1 Std.; Gesamtgehzeit: ca. 3¼ Std.
Höchster Punkt: Erentrudisalm, 906 m.
Höhenunterschied: Gut 450 m.
Anforderungen: Vielbegangene, unschwierige Wanderwege und Sträßchen, Markierung stellenweise unzureichend.
Einkehrmöglichkeiten: Fageralm (Fr. Ruhetag), Erentrudisalm (ganzj. bew., außerhalb der Saison Mo. / Di. Ruhetag, 45 Betten, ☎ 0662 / 622 498, Abenteuerspielplatz und Wildgehege).
Sehenswertes: Geolog. Lehrweg durch die Glasenbachklamm, Areal um die Erentrudisalm, Ausblick auf die Berchtesgadener Berge besonders beim Abstieg, »Haus der Natur« in Salzburg (Ausstellung von Knochenfunden und Versteinerungen aus der Glasenbachklamm).
Variante: Beim 1. Haus in Oberhöhenwald

(»Elsbethen 2b«) auf breitem Feldweg links hinauf zu einer Gabelung auf freier Wiese, hier rechts an einem Masten vorbei zum Wald. Nach der Linkskurve im Wald rechts ab, über eine ca. 4 m hohe Felsbarriere – etwas Trittsicherheit erforderlich – und anschließend auf einem Wiesenweg zur Fageralm, ca. ½ Std.

Die Erentrudisalm, ein beliebter Berggasthof im Süden von Salzburg, ist zwar auch mit dem Pkw erreichbar, doch wesentlich erlebnisreicher ist der Zugang über die hier vorgeschlagene Wanderung durch die romantische Glasenbachklamm.

Der *Rupertiweg Nr. 810* durch den geschützten Landschaftsteil der Glasenbachklamm ist nicht zu verfehlen, er zweigt am Beginn der Steigung links in die Klamm ab. Die Formenvielfalt der vom Klausbach geschaffenen Schlucht, kleine Wasserfälle der Seitenbäche, der Nagelfluhüberhang beim Klammausgang, zahlreiche Informationstafeln an geologisch interessanten Punkten und die Fundstellen von Versteinerungen und Knochen einer frühgeschichtlichen Tierwelt bieten neben dem an manchen Stellen als »Spielplatz« genutzten Bachbett viel Abwechslung. Vor der Brücke hinter dem **Klammausgang** zweigt man rechts und nach ca. 50 m noch einmal rechts ab (gelbe Markierung). Über eine Waldstufe gelangt man auf die sonnige Hangterrasse von **Höhenwald**. Man steuert auf ein gut sichtbares Gehöft zu, zieht daran rechts vorbei zur Straße, geht hier ca. 20 m nach links und über eine Sackgasse im weiten Rechtsbogen bis zu ihrem Ende bei den Gehöften von **Ober- und Unterhöhenwald** hinauf. Hier fallen Straße und Wanderweg zuerst ein paar Meter ab, ehe die Route im Linksbogen zum Wald und zur **Fageralm** ansteigt. Von hier wandert man auf der Straße (oder kürzer gleich hinter dem Gasthaus rechts zum Haus Bergfriede, davor links über einige Steinstufen und auf einem Waldweg) zur **Erentrudisalm**.

Beim **Abstieg** geht man auf der Straße noch über die folgende Rechtskurve hinab, zweigt dann links ab und gleich darauf rechts. Entlang einer Starkstromleitung erreicht man ein Gatter mit »Hühnerleiter«, überquert dahinter eine ausgedehnte Wiesenterrasse und läuft anschließend zur Einöde in **Wildlehen** hinab. Etwas nach rechts versetzt führt ein Feldweg nach **Oberleiten** hinab, wo man wieder auf die Straße trifft. Ihr folgt man am bequemsten über **Gfalls** bis zum **Klammeingang**. Hinter einem Wendeplatz im Wald bietet sich eine markierte Abkürzung an.

Im Spätherbst an der Erentrudisalm, im Hintergrund der Untersberg.

22 Von St. Jakob am Thurn zur Erentrudisalm

Genußreiche Wanderwege zwischen zwei attraktiven Ausflugszielen

St. Jakob am Thurn – Vollererhof – Erentrudisalm – Trockene Klammen oder Reinberg – Archstein – Hochgols – St. Jakob am Thurn

Talort: Elsbethen, ca. 450 m.

Ausgangspunkt: St. Jakob am Thurn, 518 m. Parkmöglichkeit beim Schützenwirt hinter der Kirche. Anfahrt: In Haslach, südlich von Elsbethen (km-Marke 6,7) Abzweigung nach St. Jakob; hierher auch mit ÖBB-Linie Salzburg-Süd.

Gehzeiten: St. Jakob am Thurn – Vollererhof 1 Std., Vollererhof – Erentrudisalm 1 Std., Erentrudisalm – Trockene Klammen oder Reinberg – Archstein ca. 1 Std., Archstein – Hochgols – St. Jakob am Thurn ¾ Std.; Gesamtgehzeit: knapp 4 Std.

Höchster Punkt: Waldweg zwischen Vollererhof und Erentrudisalm, ca. 950 m.

Höhenunterschied: Ca. 500 m.

Anforderungen: Gut markierte, leichte Wanderwege, lediglich im Bereich der Trockenen Klammen ist Trittsicherheit erforderlich (Drahtseilpassage, kleine Felsstufen, S. »rot«), problemlose Ausweichmöglichkeit über Reinberg, zeitlich sogar kürzer.

Einkehrmöglichkeiten: Schützenwirt in St. Jakob am Thurn, Kurhotel Vollererhof, Erentrudisalm (ganzj. bew., außerhalb der Saison Mo. / Di. Ruhetag, 45 Betten, ✆ 0662 / 622 498, Abenteuerspielplatz und Wildgehege).

Sehenswertes: St. Jakob am Thurn (Doppelkirche, geschützter Teich), Trockene Klammen, Archstein, Panorama, Wildgehege bei der Erentrudisalm und an der Straße nach Hochgols.

Varianten: Einige gut beschilderte Varianten entlang der vorgeschlagenen Route sind möglich. Ein kurzes und lohnendes Unterfangen ist eine Umrundung des geschützten Teiches in St. Jakob.

Das idyllische Dorf St. Jakob am Thurn mit seinem Teich, dem Schloßturm und der Kirche sowie das Felsenlabyrinth und der Klettergarten der Trockenen Klammen in der Nähe des Archsteins sind Höhepunkte auf den abwechslungsreichen und beschaulichen Wanderwegen zur Erentrudisalm.

Zwischen der Kirche in **St. Jakob** und dem Schützenwirt beginnt die Risolstraße, der man bis zu den letzten Häusern folgt. Hier zweigt links die *Wanderroute 1A* zum Vollererhof ab. Auf einem Sträßchen erreicht man zuerst ein Gehöft, geht hier geradeaus weiter und kommt auf breitem Waldweg zu einem zweiten Gehöft auf einer weiten Lichtung. Man zieht noch einmal eine Schleife durch den Wald, wobei man auf die Zufahrtsstraße zum **Vollererhof** trifft

St. Jakob am Thurn.

und ihr bis vor das Kurhotel folgt. Hier oder bereits ein Stück vorher (*gelbe Markierung* an Bäumen!) schert man rechts aus und umgeht so den Hotelkomplex. Ein gutes Stück dahinter erreicht man eine Forststraße mit einer Schranke. Hier geht es – stets dem Ww. »*Erentrudisalm 1*« folgend – geradeaus weiter. Erst später zweigt die Wanderroute von dem im Winter als Rodelbahn genutzten Forststräbchen links ab und führt zuerst steigend, dann leicht fallend über eine Waldrampe hinweg zu einem Wildgehege und dahinter zur **Erentrudisalm**. Beim **Abstieg** geht man auf der Straße über die folgende Rechtskurve hinab, zweigt dann links ab und gleich darauf rechts. Entlang einer Starkstromleitung erreicht man ein Gatter mit »Hühnerleiter« und wandert dahinter über eine ausgedehnte Wiesenterrasse zur Einöde in **Wildlehen** hinab. Unmittelbar vor dem Gehöft geht es scharf links über eine Wiese, dann in Schleifen durch einen schönen Buchenwald zu einer Weggabelung. Die schwierigere Route führt nun rechts durch das Naturdenkmal der Trockenen Klammen, die leichte auf dem Hauptweg nach **Reinberg** (Gehöft) hinaus. Dort geht es rechts (Ww. »St. Jakob«) durch den Wald zur Straße und zu einem Wildgehege hinab. Der Steig durch die **Trockenen Klammen** quert zuerst nach rechts, steigt etwas zu einer Felsnase am Eingang in das Felsenlabyrinth an, wo ein Drahtseil beim Abstieg in die Tiefe behilflich ist. Hinter Felsüberhängen windet sich der Pfad (*gelbe Markierung*) durch bizarre Felstürme und Klüfte hindurch, ehe er beim Ausgang eine Rastbank erreicht und durch den Wald zum **Naturdenkmal Archstein** (Findling) absteigt. Daran und am Bauernhof geht es links vorbei, an einer Wiesenlehne entlang, über einen Bach und zuletzt links zur Straße und zu einem Wildgehege. Dort mündet der Weg in die Route über Reinberg ein. Auf der Straße läuft man nach **Hochgols** hinab und wandert 100 m hinter der Brücke links nach **St. Jakob** hinauf (ca. 800 m bis zum Parkplatz).

23 Über die Barmsteine

Steiganlage auf zwei schroffe »Grenzsteine« zwischen Bayern und Salzburg

Kaltenhausen – Gr. Barmstein – Kl. Barmstein – Hallein – Kaltenhausen

Talort: Hallein, 469 m.
Ausgangspunkt: Brauerei Kaltenhausen nördlich von Hallein.
Gehzeiten: Kaltenhausen – Gr. Barmstein 1¼ Std., Gr. Barmstein – Kl. Barmstein ¾ Std., Kl. Barmstein – Ruine Thürndl – Hallein (F.-X.-Gruber-Platz) knapp 1 Std., Hallein – Kaltenhausen ½ Std.; Gesamtgehzeit: ca. 3 ½ Std., ohne Gr. Barmstein 3 Std.
Höchste Punkte: Gr. Barmstein, 851 m; Kl. Barmstein, 841 m.
Höhenunterschied: Ca. 500 m.
Anforderungen: Steiler, z.T. dürftiger, aber gut markierter Waldsteig von Kaltenhausen, luftige Felsensteige auf die Barmsteine, die Trittsicherheit und Schwindelfreiheit verlangen. Besondere Vorsicht in Begleitung von Kindern, auch am Rückweg von Hallein nach Kaltenhausen (vielbefahrene Straße)!
Einkehrmöglichkeiten: Bräustübl in Kaltenhausen (älteste Brauerei im Land Salzburg von 1475), Gasthäuser in Hallein.

Sehenswertes: Ausblick von den Barmsteinen auf das Salzachtal. Altstadt von Hallein (siehe unter Talorte).
Variante: Rundweg um die beiden Barmsteine ohne Gipfelanstieg ca. 1 Std. kürzer und leichter.

Die Stadt Hallein wird von zwei markanten Felsenriffen, den Barmsteinen, überragt, die man als natürliche Marksteine ansehen kann, da über sie die Grenze zwischen Bayern und Österreich verläuft. Am südlichen, Kleinen Barmstein wird jedes Jahr nach altem Brauch und unter Böllerschießen von den Burschen aus Mehlweg und Umgebung ein Maibaum aufgestellt. In den senkrechten Wänden beider Gipfel kann man häufig Kletterer beobachten.
Beim Parkplatz 3 am Bräustübl in **Kaltenhausen** weist ein Schild den Weg zu den Barmsteinen (Marchschartenweg). Er führt vor einem Haus links zu einer Forststraße hinauf, überquert diese etwas nach links versetzt und steigt dann über ca. 150 m etwas mühsam durch herrlichen Buchenwald zu einem breiten Forstweg an. Auf diesem quert man rechts zu einer Forststraße und folgt ihr bis in die Nähe des Großen Barmstein. An einer Rechtskurve zweigt links der *Steig Nr. 212* ab und führt zu einer Weggabelung in einer bewaldeten Rinne. Ein Abstecher führt links zum **Großen Barmstein**: Mittels eines Drahtseils über ein abschüssiges Wandl, dann am gestuften Nordgrat zum Gipfel, Abstieg auf gleicher Route.

Der Große Barmstein – schroff und abweisend und doch vom Wanderer zu ersteigen!

Geradeaus erreicht man in Kürze einen Sattel, strebt dann leicht fallend dem zwischen den Bäumen erkennbaren **Kleinen Barmstein** zu. An seinem Fuß beginnt die im Jahre 1885 von der AV-Sektion Hallein errichtete, heute gut ausgebaute Steiganlage. Unter Ausnutzung der natürlichen Felsentritte geben zusätzliche Holzstufen, Drahtseile und Eisenbügel die erforderliche Hilfestellung auf dem luftigen Weg zur Höhe und wieder zurück. Vom Fuß des Kleinen Barmstein wandert man südwärts durch Wald zur Burgruine **Thürndl** (Dirndl) und am Kamm entlang zur Straße nach Dürrnberg hinab. Dieser folgt man talwärts bis zu einer Galerie. Hier zweigt rechts der breite Fußweg nach **Hallein** ab. Er führt direkt zur Pfarrkirche, zum Wohnhaus und Grab von F. X. Gruber, dem Komponisten des berühmten Weihnachtsliedes »Stille Nacht«, hinab.

Der **Rückweg** nach **Kaltenhausen** führt durch die sehenswerte Altstadt von Hallein. An der Wirtschaftsfachschule vorbei geht man zum Josef-Schöndorfer-Platz, wo im Hintergrund die Barmsteine als »Wegweiser« sichtbar werden. Rathaus, Khueffenhaus, TV-Heim, Salztragerdenkmal, Glashütte und die Auffahrtsrampe nach Bad Dürrnberg (von hier noch gut 1 km zum Parkplatz) sind weitere Stationen entlang der vielbefahrenen Straße nach Kaltenhausen (Rückfahrt von Hallein mit dem Bus möglich).

24 Zinkenkogel, 1337 m

Auf den Spuren der Kelten hoch über dem Salzachtal

Zinkenlift-Parkplatz – Zinkenkogel – Gmerk – Parkplatz

Talort: Bad Dürrnberg, 772 m.
Ausgangspunkt: Zinkenlift-Parkplatz (Zufahrt beschildert), ca. 840 m. Liftbetrieb: Juli – Anf. Sept. tägl., Mai/Juni und Sept./Okt. an Wochenenden 10.00 – 16.30 Uhr, ☎ 06245/851 05).
Gehzeiten: Parkplatz – Max-Schnattinger-Weg – Zinkenkogel 1¾ Std., Zinkenkogel – Wasserleitungsweg – Grenzstelle Gmerk – Parkplatz 1¼ Std.; Gesamtgehzeit: 3 Std.
Höchster Punkt: Zinkenkogel, 1337 m.
Höhenunterschied: 500 m.
Anforderungen: Gut markierte, breite Wanderwege.
Einkehrmöglichkeiten: Zinkenstüberl an der Bergstation des Lifts, Zinkenwirt in Gmerk (Sa. Ruhetag), mehrere Gasthäuser in Bad Dürrnberg.
Sehenswertes: Aussicht vom Zinkenkogel auf Salzachtal, Osterhorngruppe, Dachstein, Tennengebirge, Berchtesgadener Alpen. Bad Dürrnberg: Keltenlehrpfade und Fürstengrab (»G«), Salzbergwerk (geöffnet April mit Okt. tägl. 9.00 – 17.00 Uhr, Nov. mit

März 11.00 – 15.00 Uhr, »G«), prächtige Wallfahrtskirche in Bad Dürrnberg.

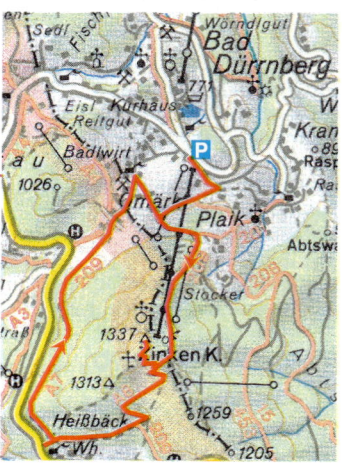

Im Wandergebiet von Bad Dürrnberg läßt sich ein sehr abwechslungsreiches Tagesprogramm zusammenstellen. Der traditionsreiche Kurort mit seiner prächtigen Wallfahrtskirche, den Keltenlehrpfaden, dem Fürstengrab und Keltengehöft sowie dem Salzbergwerk ist allein schon einen Besuch wert und nimmt einige Zeit in Anspruch. Die vorgeschlagene dreistündige Wanderung über den Zinkenkogel, auf der die Grenze zwischen Österreich und Bayern mehrfach überschritten wird, läßt sich bei Benützung des Sessellifts zeitlich halbieren.

Vom **Zinkenlift-Parkplatz** wandert man auf der Straße bis kurz vor die Linkskehre, folgt dort rechts einer Stichstraße zu einigen Häusern und quert dahinter den Wiesenhang bis zu einer Verzweigung bei einem Baumstreifen. Hier steigt man links zum Sulzauhof an und quert hier wieder links zu einer Hütte und einem Schlepplift. Zwischen den beiden führt nun der Wanderweg zum nahen Wald und zur Skiabfahrt hinauf. In deren Bereich windet sich ein Sträßchen als Wanderroute bergwärts, zieht unterm Gipfel auf dessen Ostseite entlang und erreicht die **Bergstation** des Lifts mit dem Zinkenstüberl schließlich von Norden her. Von hier führt ein beschilderter Pfad noch zu den Rastbänken am **Gipfelkreuz**.

Wer den **Abstieg** nicht auf der etwas kürzeren Anstiegsroute gehen möchte, wandert auf dieser nur bis zur Linkskehre zurück und zweigt an deren Scheitel auf breitem Waldweg in Richtung »*Roßfeldstraße*« ab. An der folgenden Weggabelung schwenkt man rechts in Richtung Oberau und wandert auf der Südseite des Berges zur **Roßfeldstraße** hinab. Kurz davor zweigt man erneut rechts ab, um auf dem **Wasserleitungsweg** den Zinkenkogel auf seiner bewaldeten Westseite zu umrunden. Dabei kreuzt man ein paarmal einen Ziehweg, quert hinter dem Wald über Wiesen nach **Gmerk** hinaus, kommt am Zinkenwirt vorbei und steuert auf der Straße geradeaus auf den Grenzschranken zu. Dahinter läuft man zu einigen Häusern hinab. Hier geht es ca. 100 m nach rechts und unmittelbar vor dem Sulzauhof entlang der Anstiegsroute links über Wiesen und auf der Straße zu dem bereits sichtbaren **Parkplatz** zurück.

Bad Dürrnberg mit seiner traditionsreichen Wallfahrtskirche.

25 Almrunde über Grundbichl

In einem der interessantesten Salzburger Talschlüsse

Grundbichl – Bergalm – (Regenspitz) – Storchenalm – Grundbichl

Talort: St. Koloman, 851 m
Ausgangspunkt: Gasthaus Grundbichlalm, Privatparkplatz (»G«), 865 m. Anfahrt: Autobahnausfahrt Hallein – Vigaun – Sommerau – Tauglboden – Grundbichl. Schmale Talstraße ab Hotel Sommerau (6 km). Kleiner Parkplatz auch vor der ca. 1 km langen Steigung nach Grundbichl. Zufahrt auch mit Taxibus ab Hallein (✆ 06245 / 84 400).
Gehzeiten: Grundbichl – Bergalm 1¼ Std., Bergalm – Regenspitz und zurück 1¾ Std., Bergalm – Storchenalm ca. 10 Min., Storchenalm – Grundbichl knapp 1 Std.; Gesamtgehzeit: ca. 4 Std., ohne Regenspitz knapp 2½ Std.
Höchste Punkte: Storchenalm, 1266 m; Regenspitz, 1675 m.
Höhenunterschied: 400 m zur Berg- und Storchenalm, ca. 800 m zum Regenspitz.
Anforderungen: Sträßchen von Grundbichl zu den Almen, dazwischen problemloser Wanderweg. Zum Regenspitz markierter Steig, etwas Trittsicherheit erforderlich (S. »rot«).
Einkehrmöglichkeiten: Gasthaus Grundbichlalm (20 L, Schlafsack mitbringen), ✆ 06241 / 426), Bergalm (5 B.,

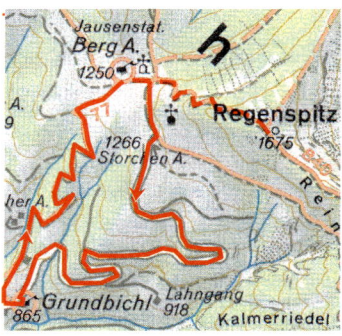

✆ 0664 / 357 49 92), Neureithütte (14 B., ✆ 0664 / 356 68 54), alle bew. Juni mit Okt.
Sehenswertes: Tauglboden und Talschluß, Strubklamm am Anfahrtsweg (Parkmöglichkeit ca. 1 km vor und nach der Abzweigung des kurzen Steiges), Römerbrücke mit Tauglklamm und Wasserfall unter der Tauglbrücke bei Vigaun, Landschaft um die Bergalm, Regenspitz-Panorama.

Der Tauglboden nimmt für sich in Anspruch, zu den interessantesten Talschlüssen Salzburgs zu zählen. Schon die Fahrt von Sommerau auf einem romantischen, schmalen Talsträßchen ist ein Erlebnis und erfordert vorsichtige Fahrweise. Die auf einer Anhöhe über dem schluchtartigen Tal gelegene Grundbichlalm zieht als Ausgangspunkt für eine Besteigung des Regenspitz – sei es zu Fuß oder mit Ski – fast das ganze Jahr über Besucher an. Es wurde sogar ein »Verein zur Revitalisierung des Grundbichlgutes« gegründet. Dem Wanderer bleibt es vorbehalten, fast ausschließlich auf Forststräßchen eine bequeme Almrunde zu drehen oder – bei der nötigen Trittsicherheit – einen »Gipfelsturm« auf den Regenspitz zu wagen. Lohnend ist die Gipfelpartie bei guter Sicht allemal!
Linksvon der **Grundbichlam** führt ein Forststräßchen über einen bewaldeten Rücken zur Sonnenterrasse der **Bergalm** und **Neureithütte**. Im Rechtsbogen wandert man am Fuß des bewaldeten Regenspitz entlang über Bergwei-

den zu der von der Bergalm sichtbaren **Storchenalm**. Vor dieser trifft man wieder auf eine Forststraße. Sie führt in weiten Schleifen zuerst über Wiesen, dann im Wald nach **Grundbichl** hinab. Zwischen Bergalm und Storchenalm bieten sich noch **zwei Abstecher** an. Der längere und anspruchsvollere Pfad führt bei der Abzweigung des Weges nach Hintersee (Zauneck) ostwärts über Wiesen, dann durch steiles Waldgelände und zuletzt entlang des freien Nordwestgrates zum **Regenspitz** und wieder zurück. Eine zweite, recht bescheidene Zusatzaufgabe bietet sich vor der Storchenalm an. In etwa fünf Minuten kann man links zu einer **Holzkapelle** am Waldrand hinaufsteigen.

Die Bergalm und der Schmittenstein.

26 Vom Seewaldsee zum Trattberg

Ein geschützter Bergsee und ein behäbiger Grasbuckel

Seewaldsee-Parkplatz – Enzianhütte – Trattberg – Seewaldsee-Rundweg – Auerhütte – Parkplatz

Talorte: Golling, 481 m; Kuchl, 469 m; St. Koloman, 851 m.

Ausgangspunkt: Seewaldsee-Parkplatz, ca. 1090 m. Anfahrt: Autobahnausfahrt Kuchl bzw. Golling, zwischen den beiden Orten ostwärts (Ww. »St. Koloman«) bis Wegscheid, gleich hinter dem Dorf rechts und an der folgenden Gabelung wieder rechts zum Seewaldsee (ca. 11 km vom Tal und ca. 5½ km von Wegscheid).

Gehzeiten: Parkplatz – Enzianhütte gut 1 Std., Enzianhütte – Trattberg 1 Std., Trattberg – Seewaldsee 1½ Std., rund um den Seewaldsee – Parkplatz ca. 1 Std.; Gesamtgehzeit: ca. 4½ Std.

Höchster Punkt: Trattberg, 1757 m.

Höhenunterschied: Ca. 700 m .

Anforderungen: Markierte Wanderwege um den Seewaldsee und zur Enzianhütte, Gipfelanstieg zum Trattberg auf unmarkiertem Steig über unschwierigen Grasrücken.

Einkehrmöglichkeiten: Enzianhütte (bew. Ende Mai – 1. Nov., 30 Schlafplätze für Gruppen nach Voranmeldung, ℘ 0663 / 067 666), Auerhütte am Seewaldsee (bew. Juni – Okt., ℘ 06241 / 382).

Sehenswertes: Seewaldsee (Naturschutzgebiet, Uferlaichplätze), Aussicht vom Trattberg und von der Gitschenwand.

Varianten: 1. Umrundung des Seewaldsees: Auf der Straße ca. 10 Min. zur Auerhütte. Noch ehe man sie zu Gesicht bekommt, holt man zu einer Umrundung des Sees aus, indem man auf einem Sträßchen rechts abzweigt und das Gewässer im Gegenuhrzeigersinn zumeist in Ufernähe zur Jausenstation hin umwandert.

2. Von der Enzianhütte zur Gitschenwand,

1527 m, einem herrlichen Aussichtspunkt: Vom unteren Parkplatz in der Verlängerung des Zaunes auf mageren Steigspuren im Rechtsbogen zur Höhe, vor der Antenne links, 10 Min. von der Hütte, unschwierig.

3. Rundtour für Trittsichere und Schwindelfreie: Vom Seewaldsee-Parkplatz zur Auerhütte, links davon in Fallinie meist weglos in einer Mulde bergab bis rechts ein deutlicher Waldsteig (Weg 842) beginnt. Hinter der Waldzone Abstieg und Hangquerung (etwas ausgesetzt), über Wiesen zur Trattbergstraße, auf dieser links zu ihrem Scheitel hinauf. Hier zweigt rechts ein unmarkierter, aber gut erkennbarer Steig entlang einer Geländekante zum Trattberg ab (ca. 10 m hohe, gut gangbare Felsstufe in der oberen Hälfte, ca. ¾ Std. länger als die Normalroute, auf der man absteigt, S. »rot«).

Das Naturschutzgebiet um den Seewaldsee (Bademöglichkeit) ist ein recht verstecktes, interessantes und beliebtes Wandergebiet, und der behäbige,

Frühling am Seewaldsee, hinten der verschneite Hohe Göll.

fast weglose Trattberg ist im Sommer ein ausgedehntes Weidegebiet mit reizvollem Ausblick auf Dachstein, Tennen- und Hagengebirge.

Vom **Parkplatz** folgt man dem *Weg 843* in Richtung **Vordertrattberg**. Er holt zuerst links aus und zieht in angenehmer Steigung über Grashänge, dann in zahlreichen Schleifen vorwiegend durch Laubwald zum Sockel der vom Ausgangspunkt gut sichtbaren Gitschenwand hinauf. Hier führt er rechts entlang und erreicht dahinter über einen Wiesenhang die Trattbergstraße. Nur noch einen Katzensprung entfernt liegt die **Enzianhütte** auf der Vorder-trattbergalm. Rechts davon zieht ein unmarkierter, problemloser Wiesenweg auf ein Plateau, steigt dort über einen Zaun und verliert sich dahinter auf dem ausladenden Weidehang, der zum Gipfelkreuz (Lacke) sowie zum höchsten Punkt am **Trattberg** hinaufführt. **Abstieg** wie Anstieg.

27 Hoher First und Dürlstein

Aussichtsreiche Graskuppen über der Trattbergalm

Hintertrattbergalm – Hoher First – Dürlstein – (Moosangerlalm –) Hintertrattbergalm

Talorte: St. Koloman, 851 m; Vigaun, 468 m; Kuchl, 469 m; Golling, 481 m.
Ausgangspunkt: Parkplatz auf der Hintertrattbergalm, 1438 m. Anfahrt: Autobahnausfahrt Kuchl oder Golling, zwischen diesen beiden Orten ostwärts (Ww. »St. Koloman«) bis Wegscheid, gleich hinter dem Dorf rechts und an der folgenden Gabelung links (Ww. »Trattberg, Enzianhütte«, 16 km vom Tal); zuletzt Mautstraße.

Gehzeiten: Hintertrattbergalm – Hoher First ca. 1 Std., Hoher First – Dürlstein knapp ¼ Std., Dürlstein – Trattbergalm am Anstiegsweg ca. 1 Std., über Moosangerlalm ca. ½ Std. länger; Gesamtgehzeit: einfache Route 2¼ Std., über Moosangerl 2¾ Std.
Höchste Punkte: Hoher First, 1718 m; Dürlstein, 1697 m.
Höhenunterschied: Ca. 380 m, über Moosangerl ca. 500 m.
Anforderungen: Zuerst Almstraße, dann unmarkierte, leichte Steige auf die beiden Gipfel; bei Nässe eher schmierig (S. »blau – rot«), Abstieg nach Moosangerl markiert,

Trittsicherheit erforderlich, S »rot«.
Einkehrmöglichkeiten: Christlalm (℡ 0663 / 689 03), Wimmeralm (12 B., 20 L., ℡ 0663 676 38), Moosangerlalm (20 L. nur für Gruppen, ℡ 0663 / 677 63), alle 3 Hütten bew. je nach Witterung Juni mit Okt.; Enzianhütte am Anfahrtsweg (bew. Mitte Mai – 1. Nov., 30 L. für Gruppen nach Voranmeldung, ℡ 0663 / 067 666).
Variante: Vom Dürlstein am Grat entlang nordwärts zum Gruberhorn und zurück (S. »rot«, hinterm Dürlstein kurze Leiter, Trittsicherheit und auch etwas Schwindelfreiheit erforderlich, ca. 1½ Std. hin und zurück).

Hoher First und Dürlstein, zwei bescheidene, leicht erreichbare Gipfelziele über den weitläufigen Weideflächen der Trattbergalm, stehen am Rand der vielbegangenen Almstraße zwischen Hintertrattberg und Moosangerl. Sie werden meist auch so behandelt und im wahrsten Sinne des Wortes links liegen gelassen.

An der Weggabelung hinterm Gatter des **Parkplatzes** nach rechts und dem Ww. »*Moosangerlalm, Hoher First*« folgen. Man wandert dabei auf einer Almstraße (*Weg 842*) ostwärts auf einen breiten Weiderücken und schwenkt, noch ehe die Straße zur Moosangerlalm stärker abfällt, links auf den weiten Sattel hinaus, geht an einer Viehtränke vorbei und kommt zu einer zweiten am Fuß des Hohen First, wo der Steig zuerst links ausholt und dann entlang der Geländekante zur Rechten zum **Hohen First** hinaufzieht. Auf geradezu feudalem, naturgegebenem Plattenweg geht es höhengleich dem hinteren Gipfelpunkt zu, dann problemlos durch einen Sattel auf den etwas niedrigeren **Dürlstein**.

Wer den **Rückweg** nicht wieder auf der Anstiegsroute absolvieren will, dem kann man empfehlen, vom Sattel zwischen den beiden Gipfeln ostseitig an einem Graben entlang zu einem Schild abzusteigen, dort auf markiertem Steig links (!) in eine Karmulde und dann rechts zur **Moosangerlalm** hinab. Von hier geht es auf der Straße im Gegenanstieg zum **Parkplatz** zurück.

Auch Kinder können den Hohen First erwandern, rechts der Hohe Göll.

28 Moosangerlalm – Hochwiesköpfl

Almbummel für jedermann – abweisender Gipfelgrat für Geübte

Hintertrattbergalm – Moosangerlalm – Hochwiesalm – Hochwieskopf – und zurück

Talorte: St. Koloman, 851 m; Vigaun, 468 m; Kuchl, 469 m; Golling, 481 m.
Ausgangspunkt: Parkplatz auf der Hintertrattbergalm, 1438 m. Anfahrt wie Tour 27.
Gehzeiten: Hintertrattbergalm – Moosangerlalm ¾ Std., Moosangerlalm – Hochwiesalm – Hochwiesköpfl 1¼ Std., Hochwiesköpfl – Hintertrattbergalm 1¾ Std.; Gesamtgehzeit: 3¾ Std.
Höchster Punkt: Hochwieskopf, 1754 m.
Höhenunterschied: Ca. 600 m incl. Gegenanstiege.
Anforderungen: Bis Hochwiesalm Sträßchen (S. »blau«), Drahtseilpassagen am

Gipfelgrat des Hochwieskopfes, Bergerfahrung erforderlich, nicht bei Nässe und Nebel (S. »rot – schwarz«).
Einkehrmöglichkeiten: Christlalm (℡ 0663 / 689 03), Wimmeralm (12 B., 20 L., ℡ 0663 / 676 38), Moosangerlalm (20 L. nur für Gruppen, ℡ 0663 / 677 63), alle 3 Hütten bew. je nach Witterung Juni mit Okt.; Enzianhütte am Anfahrtsweg (bew. Mitte Mai – 1. Nov., 30 L. für Gruppen nach Voranmeldung, ℡ 0663 / 067 666).
Sehenswertes: Gipfelpanorama. Trattbergalm.
Varianten: Siehe die Touren 26 und 27!

Die mit dem Auto auf einer Mautstraße erreichbare, großflächige Hintertrattbergalm zählt zu den beliebtesten Wandergebieten dieses Führers. Von hier zur Moosangerlalm sind fast ständig Leute unterwegs, doch dann ist der Berghunger der meisten gestillt und wird von leiblichen Bedürfnissen überla-

Die Route zum Hochwiesköpfl (rechts) ist gut zu erkennen; links der Dachstein.

gert, so daß der Wandererstrom dahinter schlagartig zum Erliegen kommt. Nur noch wenige dehnen ihren Aktionsradius bis zum Hochwiesköpfl aus, das sich durch seinen abweisenden Nordgrat die Gäste auszusuchen scheint, für sie aber ein stilles, feines Bergerlebnis bereithält.

An der Weggabelung hinterm Gatter des **Parkplatzes** nach rechts, auf einer Almstraße (*Weg 842*) ostwärts auf einen breiten Weiderücken und jenseits zur **Moosangerlalm** hinab. Nun läuft die Straße ohne nennenswerten Höhenunterschied durch lichten Wald in eine Senke hinab und zur **Hochwiesalm** hinauf. Im Rechtsbogen folgt man dahinter zunächst einem breiten Almweg entlang eines Weiderückens, bis das Gelände abflacht und der Gipfelaufbau des Hochwiesköpfls frei dasteht. Von einigen Steinmännern geführt, steuert man nun weglos links über den Grasrücken zu einem Lärchenstreifen und dahinter zum Grat hinauf, der sich mit Beginn der Latschenzone stärker aufstellt. Ein kurzes Stück geht es rechts davon zu einer Weggabelung, dann scharf links über den Grat (Zaun) hinweg. Hier beginnt der schwierige Abschnitt; er ist neuerdings stellenweise gesichert, erfordert aber trotzdem durchgehend erhöhte Achtsamkeit. Auf schmalen Leisten steigt man stets links des Grates, zwischen der steilen Ostflanke und den Latschen, annähernd 100 Höhenmeter zum bescheidenen Gipfel des **Hochwiesköpfls** hinauf. **Rückweg** nur wie Anstieg!

29 Purtschellerhaus, 1692 m

Traditionsreiche Hütte an der deutsch-österreichischen Grenze

Gasteig/Schwalberbauer – Dürrfeichtenalm – Eckersattel – Purtscheller-haus-Rundweg – Eckersattel und zurück

Talorte: Kuchl, 469 m; Bad Dürrnberg, 772 m.

Ausgangspunkt: Schwalberbauer am Gasteig, ca. 670 m. Anfahrt: Von Kuchl (Ww. »Schöne Aussicht, Gasteig«) über die Salzach, nach der Brücke rechts und gleich wieder links. An der Straßengabelung am Gasteig geradeaus (Kühschwalb) bis zum Sperrschild und Parkplatz beim Schwalberbauer (3,5 km von der Salzachbrücke).

Gehzeiten: Schwalberbauer – Dürrfeichtenalm 2 Std., Dürrfeichtenalm – Eckersattel knapp ½ Std., Eckersattel – Purtschellerhaus ¾ Std. bzw. 1 Std., Purtschellerhaus – Eckersattel 25 bzw. 40 Min., Eckersattel – Schwalberbauer ca. 2 Std.; Gesamtgehzeit: 6 Std.

Höchster Punkt: Purtschellerhaus, 1692 m.

Höhenunterschied: Gut 1000 m.

Anforderungen: Steiles Waldgelände, alternativ z.T. Forststraße zur Dürrfeichtenalm, Strächen zum Eckersattel, zwei Steige unterschiedlicher Steilheit zur Hütte, den rechten Weg nur bei trockenen Verhältnissen begehen.

Einkehrmöglichkeiten: Purtschellerhaus (AV, bew. Pfingsten – Mitte Okt. je nach Witterung, 15 B. + 50 L., ✆ 08652 / 24 20 von Deutschland), Gasthof »Schöne Aussicht« am Gasteig (Di. Ruhetag).

Varianten: 1. Der kürzeste Anstieg zum Purtschellerhaus erfolgt über die mautpflichtige Roßfeldstraße. Ausgangspunkt ist die Enzianhütte oder der Ahornkaser. Hin- und Rückweg von beiden ca. 1¾ Std., S. »blau«, zum Ahornkaser am Rückweg Gegenanstieg. Auf der Roßfeldstraße verkehrt ein öffentlicher Bus von Berchtesgaden.

2. Zum Hohen Göll (S. »schwarz«, 3 Std. Anstieg vom Purtschellerhaus).

Das Purtschellerhaus liegt genau auf der deutsch-österreichischen Grenze, am sog. Eckerfirst. Es ist nicht nur Ausgangspunkt für eine Besteigung des Hohen Göll, sondern gilt auch bei Wanderern als beliebtes Tagesziel. Ausgangspunkt ist gewöhnlich die Roßfeldstraße (siehe Variante 1). Eine stille –

Das Purtschellerhaus vor der Untersberg-Südwand.

weil längere – Route führt vom Gasteig (Kuchl) aus dem Salzachtal herauf; sie wird hier näher vorgestellt.

Gleich beim **Schwalberbauer** zweigt rechts die Route »451 Eckersattel, Purtschellerhaus, Hoher Göll« ab und führt auf einem Feldweg zum obersten Wieseneck hinauf. Der Feldweg mündet im Wald in ein Forststräßchen und folgt diesem nach links über einen Bach. Gleich an der folgenden Rechtskurve zweigt rechts der Waldsteig zur Dürrfeichtenalm ab. Er überquert siebenmal das Forststräßchen – der Anstieg auf diesem wäre bequemer und etwas länger (der Wirtschaftsweg führt aber nicht zum Ziel) –, ehe sich das Gelände nach der Querung eines weiteren Ziehweges etwas zurücklegt. Nach der Waldgrenze geht es über einen Wiesenhang zur **Dürrfeichtenalm** hinauf. An der oberen Hütte befindet sich ein Rastplatz mit Brunnen und freiem Blick in die Ostflanke des Hohen Göll und zum Purtschellerhaus (Bild S. 128). Nun führt ein Sträßchen ohne wesentliche Steigung links zum **Eckersattel** (Gatter, Staatsgrenze). Hier zweigen links **zwei Wege zum Purtschellerhaus** ab. Der linke ist länger, bequemer und sonniger und führt auf der österreichischen Seite zumeist über ausgedehnte Matten zur Hütte. Der rechte Steig (»deutscher Weg«) ist steiler und mühsamer, aber auch schattiger.

Abstieg: Auf einer der beiden Routen zum Eckersattel und auf dem Anstiegsweg ins Tal.

30 Gollinger Wasserfall und Kühschwalb

Wasserfall und Naturpark am Fuß des Göllmassivs

Torren – Gollinger Wasserfall – Schwalberbauer – Naturpark Kühschwalb – Schwalberbauer – Gasteig/Schöne Aussicht – Torren

Talorte: Golling, 481 m; Kuchl, 469 m.
Ausgangspunkt: Torren bei Golling, 480 m. Parkmöglichkeit beim Torrenerhof und Brennerwirt. Anfahrt: Von Golling über die Bahnlinie und die Salzach und auf der »Wasserfallstraße« 2 km nach Torren. Anreise auch über Kuchl möglich (Ww. »Weißenbach«, nach der Salzachbrücke links)**.**
Gehzeiten: Torren – Gollinger Wasserfall – Schwalberbauer 1½ Std., Schwalberbauer – Naturpark Kühschwalb (große Lichtung) und zurück ca. 1 Std., Schwalberbauer – Schöne Aussicht – Torren ca. 1 Std.; Gesamtgehzeit: ca. 3½ Std.
Höchster Punkt: Kühschwalb, ca. 770 m.
Höhenunterschied: Ca. 350 m incl. kleiner Gegenanstiege.
Anforderungen: Gut markierte Wanderwege und Straßen, gesicherte Steiganlage im Bereich des Wasserfalls. Oberhalb des

Wasserfalls ist auf ca. 100 m Länge Trittsicherheit erforderlich (leichte Ausweichmöglichkeit über Variante 1).
Einkehrmöglichkeiten: Torrenerhof, Gasthaus Hubertus, Brennerwirt in Torren, Gasthof Schöne Aussicht in Gasteig.
Sehenswertes: Gollinger Wasserfall (»G«), Wallfahrtskirche St. Nikolaus auf einer Felseninsel in Torren (Bild S. 132), Kühschwalb.
Varianten: 1. Leichtere Route: Zwischen Brennerwirt und Kassahäuschen rechts über den Bach, dann rechts zu einer mehrfachen Weggabelung. Hier links auf breitem Wanderweg stets dem Ww. »Naturpark Kühschwalb 7« folgen. Bei unmarkierten Verzweigungen bis zur Einmündung des Wasserfallsteiges stets geradeaus, dann auf gemeinsamer Route weiter.
2. Vom Schwalberbauer in die Kühschwalb, Zufahrt von Kuchl wie Tour 29.

Der Gollinger Wasserfall bricht als Karstquelle in Bachbreite aus dem Fels hervor, stürzt über zwei Stufen von zusammen 76 m Höhe zuerst in einer Felsröhre, dann über eine Wand in die Tiefe. In der Kühschwalb, einem Talkessel zu Füßen des Hohen Göll , wurde neuerdings ein Naturpark errichtet. Wasserfall und Talschluß lassen sich zu einer Rundtour verbinden.

Eine gute Beschilderung weist von **Torren** den Weg zum Wasserfall, der sich in einem Kessel versteckt und eher zu hören als zu sehen ist. Die untere Fallstufe überwindet man links, die obere rechts des Baches auf einer gut ausgebauten Steiganlage. Gleich nach den letzten Holzstufen zweigt rechts ein unbeschilderter, aber markierter Pfad ab. Er führt rechts unter einem Felswandl entlang, quert bald darauf eine Forststraße, sodann einen Schlag, steigt dann auf einem Ziehweg ein ganz kurzes Stück rechts ab, ehe er wieder links in den Wald und dort geradeaus über eine Wegkreuzung führt, um bald darauf in den von Torren heraufführenden *Weg 7* in die Kühschwalb (Variante 1) zu münden. An der darauffolgenden Verzweigung hält man sich an den rechten Weg und erreicht kurz dahinter auf einer kleinen Geländeterrasse die Kehre einer Forststraße. Man folgt ihrem linken Ast, bis ein Schild in ihrem Gefällsbereich rechts über einen Bach und zum Parkplatz beim **Schwalberbauer** hinausweist. Auf einer Forststraße

Am Gollinger Wasserfall.

(*Weg 5*) wandert man links ohne nennenswerte Steigung in den **Naturpark** hinein, überquert zuerst eine Brücke, erreicht kurz dahinter eine Kapelle und folgt beim Eintritt in den Wald dem rechten Sträßchen bis zu einer großen Lichtung mit Rastbänken und einer Stempelstelle. Auf gleicher Route kehrt man zum **Schwalberbauer** zurück und wandert von hier 1,3 km nahezu eben zum Gasthof **Schöne Aussicht** hinaus (sofern man nicht beim Weiler Loher am kürzesten rechts über den »*Strubweg 5*« ins Tal absteigt). 100 m hinter der Schönen Aussicht – nicht auf der Straße weiter! – zweigt unmittelbar hinter einem Haus rechts ein unbeschilderter Weg ab; er führt gleich darauf links durch ein Gatter, dann über Wiesen und durch lichten Wald zu den beiden Bauern in **Köpplpoint** und von hier auf einem Sträßchen talwärts. Vor der Weißenbachbrücke mündet der »*Strubweg 5*« ein. Auf der Talstraße läuft man rechts 1 km nach **Torren** zurück.

31 Kleiner Göll, 1752 m – Bärenstuhl, 1712 m

Anspruchsvolle Pfade auf zwei einsame Eckpfeiler über dem Salzachtal

Torren – Gollinger Wasserfall – Kleiner Göll – Bärenstuhl – Torren

Talorte: Golling, 481 m; Kuchl, 469 m.
Ausgangspunkt: Torren bei Golling, 480 m. Parkmöglichkeit und Anfahrt siehe Tour 30.
Gehzeiten: Torren – Gollinger Wasserfall (Zulauf) ca. ½ Std., Wasserfall – Kl. Göll bzw. Bärenstuhl 3½ Std., (Kl. Göll – Bärenstuhl ca. ¾ Std. von Gipfel zu Gipfel und zurück zur Wegverzweigung), Bärenstuhl – Torren gut 2½ Std.; Gesamtgehzeit: gut 7 Std. für beide Gipfel, ca. 6½ Std. für Kl. Göll.
Höchste Punkte: Kleiner Göll, 1753 m; Bärenstuhl, 1720 m.
Höhenunterschied: 1250 m zum Bärenstuhl, 1270 m zum Kl. Göll, ca.1350 m für beide Gipfel incl. Gegenanstiege.
Anforderungen: Besonders im mittleren Teil erfordert das steile, abschüssige Gelände Bergerfahrung, viel Trittsicherheit, z.T. auch Schwindelfreiheit und insgesamt gute Kondition. Nicht bei Nässe oder Vereisung! Route zum Bärenstuhl im Gipfelbereich etwas schwieriger als zum Kl. Göll.
Einkehrmöglichkeiten: Keine Einkehrmöglichkeit auf der Tour, Quelle am Weg.

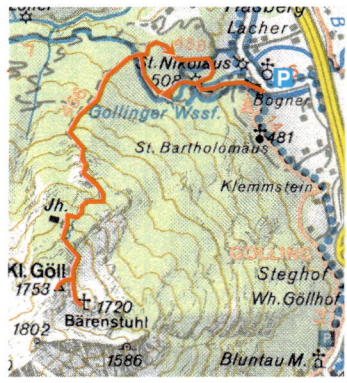

Torrenerhof, Gasthaus Hubertus, Brennerwirt in Torren.
Sehenswertes: Gollinger Wasserfall (»G«), Aussicht vom Kl. Göll und Bärenstuhl. Alpenrosenblüte im Juli.

Neben dem Gollinger Wasserfall und dem Gipfelpanorama hat die waldreiche Bergtour auf den Kleinen Göll und den etwas schwierigeren Bärenstuhl mit der Alpenrosenblüte im Juli einen zusätzlichen Höhepunkt zu bieten. Der ausdauernde Wanderer, der auch mit felsdurchsetztem Steilgelände gut zurechtkommt, schätzt die Einsamkeit auf den luftigen Eckpfeilern über dem lauten Salzachtal, dessen Motorenlärm ihn lange Zeit begleitet.

Es empfiehlt sich, gleich zu Beginn der Bergfahrt über den **Gollinger Wasserfall** hinaufzuwandern. Hinterm Brennerwirt also geradeaus! Gleich nach den letzten Holzstufen des gut gesicherten Wasserfallsteiges zweigt rechts ein unbeschilderter, aber markierter Pfad ab. Er führt rechts unter einem Felswandl entlang, quert bald darauf eine Forststraße, sodann einen verwachsenen Schlag, steigt dann auf einem Ziehweg ein ganz kurzes Stück rechts ab, ehe er wieder links in den Wald führt, wo man gleich auf eine **Wegkreuzung** und die Markierung »456 Kl. Göll« trifft, die nach links weist. Der Waldsteig führt auf eine schwach ausgeprägte Rippe hinauf, der er rund

Der Bärenstuhl ist eine luftige Aussichtswarte über dem Salzachtal.

1 Stunde lang folgt und dabei zwei Forststraßen quert. Im Anschluß an die Rippe stellt sich das Waldgelände noch steiler auf. Man steigt hier ca. 1 Stunde über gestufte, häufig auch recht feuchte Felsbänder an und findet mehrfach hinter kleinen Felsnasen einen guten Durchschlupf. Eine schräge Felsplatte im Boden markiert schließlich das Ende der wesentlichen Schwierigkeiten. Der Wald lichtet sich, die Lärche dominiert vorübergehend und eine frische Quelle lädt nach gut 2½ Stunden Anstieg ab dem Wasserfall zu einer kurzen Rast. Gras und Sträucher gewinnen nun mehr und mehr die Oberhand, und der Steig zieht rechts von einer Felsrippe zur Höhe, überquert diese und die nachfolgende Latschenzone dann nach links und trifft vor einem Felseneck auf eine Eisenstange und eine **Weggabelung**. Die rechte Spur zum **Kleinen Göll** führt zuerst durch eine Latschengasse, dann im Linksbogen über kleine Absätze zum höchsten Punkt (Vermessungszeichen). Zum **Bärenstuhl** geht es an der Verzweigung geradeaus um das Felseneck herum, hinter dem der kreuzgeschmückte Gipfel sichtbar wird. Auf stellenweise nur dürftig erkennbaren Pfadspuren durchquert man im Linksbogen und leicht fallend einen Karkessel, erreicht dahinter eine Scharte, von der man links zuerst durch eine schotterige, dann feste Steilrinne seilgesichert zum Gipfelkreuz hinaufklettert. Der **Übergang** von Gipfel zu Gipfel und der **Abstieg** ins Tal erfolgt nur entlang der beschriebenen Anstiegsrouten, wobei man ganz zuletzt von der eingangs erwähnten Wegkreuzung geradewegs nach **Torren** zurückkehren kann.

32 Bluntautal

Bequeme Wege für Genießer zu zwei Waldseen und einem Wasserfall

Parkplatz – Bluntauwasserfall – Bärenhof – Bluntauseen – Parkplatz

Talort: Golling, 481 m.
Ausgangspunkt: Parkplatz am Eingang ins Bluntautal. Anfahrt: In Golling über den Bahnübergang und die Salzach, nach der Brücke links und auf der Bluntaustraße 1,6 km zum Parkplatz hinter der 2. Unterführung. Weitere Parkmöglichkeit am Bärenhof. Zwischen den beiden Parkplätzen besteht Parkverbot! An Wochenenden und Feiertagen von 1. Mai bis Ende Okt. von 9.00 – 17.00 Uhr allgemeines Fahrverbot im Bluntautal; Pferdekutschenfahrten.
Gehzeiten: Parkplatz – Bluntau – Bluntauwasserfall knapp 1½ Std., Wasserfall – Bärenhof ca. 20 Min., Bärenhof – Bluntauseen – Parkplatz ca. 1 Std.; Gesamtgehzeit: Knapp 3 Std.
Höchster Punkt: Bluntauwasserfall, ca. 550 m.
Höhenunterschied: Knapp 100 m.

Anforderungen: Bequeme, ebene Wanderwege, nennenswerte Steigung nur vor dem Wasserfall.
Einkehrmöglichkeiten: Bärenhof (privat, bew. Mai – Okt., Mo. Ruhetag außer Juli/August, 16 Schlafräume mit Du/WC, ☎ 06244 / 61 72), Göllhof beim Ausgangspunkt.
Sehenswertes: Bluntautal mit den beiden Waldseen und dem Wasserfall, Bergumrahmung des Tales, Kapelle mit interessanten Votivtafeln, Lerchnergut am Taleingang, Golling: Kirche, Ortskern, Egelsee.
Variante: Für Geübte mit Bergerfahrung: Vom Steg bei den Karstquellen auf z.T. anspruchsvollem Steig in ca. 4 Std. zum Vorderschlumsee und zurück (Naturschutzgebiet, period. See, S. »rot«, nicht bei Nässe, an der Weggabelung nach ca. 2 Std. Gehzeit links!).

Das schmucke Lerchnergut am Eingang ins Bluntautal.

Die bequeme Wanderung in das von hohen Bergflanken gesäumte, wald- und wasserreiche Bluntautal ist etwas für Genießer. Die beiden Waldseen auf dem Weg zum Bärenhof und der Bluntauwasserfall hinter dem Gasthaus setzen die besonderen Akzente. Darüber hinaus finden Kinder am Bach und an den Felsen im Wald ein reiches Betätigungsfeld. Vom Taleingang bieten sich drei Wege zum Bärenhof an; man kann also beliebig variieren.

Wir zweigen vor der Brücke rechts ab und wandern auf dem breiten **Waldweg Nr. 14** auf der Nordseite des Torrener Baches ca. 1 Std. taleinwärts. Bei einer Hütte treffen wir auf die Straße zu den Jochalmen. Links ginge es in wenigen Minuten zum Bärenhof. Wir halten uns aber rechts zum Wasserfall und erreichen bei einem Unterstand eine weitere Verzweigung. Der linke Weg führt uns zu einem Bach, den man auf einem Steg überquert. Wir steigen auf dem mittleren Pfad zu einem Aussichtspunkt hinauf. Auf gleicher Route zum Bach zurück. Noch vor dem Steg nach rechts und am Sockel des Berges entlang zu einem weiteren Steg, darüber hinweg und geradeaus zu einer Felswand, an deren Sockel zwei große Karstquellen entspringen. Hier überqueren wir einen dritten Steg und folgen dem Bachlauf an seinem rechten Ufer bis zum **Bärenhof** hinaus. Auf der Straße laufen wir etwa eine halbe Stunde talauswärts und zweigen dann links zu den **Bluntauseen** ab. Rechts davon kehren wir auf dem *Waldweg Nr. 28* zum Parkplatz zurück.

33 Über die Jochalmen zum Stahlhaus

Alm- und Jochwanderung im Bluntautal

Bärenhof – Unterjochalm – Oberjochalm – Stahlhaus – Bärenhof

Talort: Golling, 481 m.
Ausgangspunkt: Bärenhof im Bluntautal, 507 m. Anfahrt: In Golling über den Bahnübergang und die Salzach, hinter der Brücke links (Bluntaustraße) und 4,5 km zum Bärenhof. An Wochenenden und Feiertagen von Mai mit Okt. von 9.00 – 17.00 Uhr Fahrverbot im Bluntautal, nur Rückfahrt für Bergwanderer in dieser Zeit erlaubt.
Gehzeiten: Bärenhof – Unterjochalm über Almweg 2¼ Std., Unterjochalm – Oberjochalm knapp ¾ Std., Oberjochalm – Stahlhaus gut 1 Std., Stahlhaus – Oberjochalm – Fahrstraße – Bärenhof 2½ Std.; Gesamtgehzeit: 6½ Std., nur Rundtour über die Unterjochalm ca. 4 Std.
Höchste Punkte: Unterjochalm, 1172 m; Oberjochalm, 1399 m; Stahlhaus, 1734 m.
Höhenunterschied: Unterjochalm 665 m, Oberjochalm 890 m, Stahlhaus ca. 1230 m.
Anforderungen: Almweg oder sehr windungsreiches, bequemes Sträßchen zu den Jochalmen, bis hierher zumeist schattig,

anschließend Wanderweg zum Stahlhaus.
Einkehrmöglichkeiten: Bärenhof (privat, bew. Mai – Okt., Mo. Ruhetag außer Juli/Aug., 16 Schlafräume mit Du/WC, ✆ 06244 / 61 72), Stahlhaus (AV, ganzj. bew., 24 B., 60 L., ✆ 08652 / 27 52 dt. Tel.-Netz!), Unterjochalm (bew. Juni – 10. Juli und 25. Aug. – Ende Sept., ✆ 06244 / 70 05), Oberjochalm (bew. 10. 7. – 25.8.), Almwinkelalm (bew. Juli – Anf. Sept. 10.00 – 18.00 Uhr, sonst nur an Wochenenden).
Sehenswertes: Bluntautal mit Bergumrahmung, der Kessel um Oberjoch- und Almwinkelalm, Ausblick vom Torrener Joch.
Varianten: 1. Almwinkelalm (beschilderter Abstecher von der Almstraße, gut 20 Min.).
2. Pfaffenkegel, ca. 1900 m (vom Stahlhaus auf dem Weg zum Hohen Brett und Göll, ½ Std. Anstieg, S. »rot«).
3. Schneibstein, 2276 m (gut 1½ Std. Anstieg vom Stahlhaus, S. »rot«, Verteilung der Tour auf 2 Tage zu empfehlen).

Das fast ganzjährig bewirtschaftete Stahlhaus am Torrener Joch, der Grenze zwischen Österreich und Deutschland, erhält den meisten Zulauf von der Jennerbahn und von Hinterbrand. Der Besucherstrom aus dem Bluntautal hält sich wegen des wesentlich längeren Zustiegs in Grenzen und reduziert

Vom Torrener Joch blickt man auf das Stahlhaus und die Pfaffenköpfe.

sich mit zunehmender Höhe. Die Route ist landschaftlich aber eine höchst lohnende Unternehmung.

Vom **Bärenhof** geht's über die Brücke und auf dem Talsträßchen knapp 1 km zu einem Unterstand mit Weggabelung: rechts auf der längeren und bequemeren Forststraße zu den Jochalmen, links auf dem Almweg dorthin. Letzterer führt völlig eben zu einer weiteren Abzweigung vor einem Bach (Abstecher über den Steg zum **Bluntau-Wasserfall**, ¼ Std. hin und zurück). Rechts zieht der Almweg zunächst noch auf der Straße, dann auf einem gleichmäßig ansteigenden Pfad am Rande des Fischbachgrabens durch den Bergwald, ehe er hinter zwei Lichtungen zur **Unterjochalm** hinaustritt. Auf dem Sträßchen oder links am Hang entlang geht es zum Materialaufzug des Stahlhauses bei einer Brücke, gleich dahinter auf *Weg 451* links über einen zunächst bewaldeten, zuletzt freien Rücken zu den Hütten der **Oberjochalm**. Hierher kann man mehrfach zwischen einem Steig und einem Wirtschaftsweg wählen. Hinter der Alm (Brunnen) wandert man in einen weiten, flachen Kessel und auf dessen rechter Seite durch lichten Lärchenbestand und Latschenfelder zu dem schon lange sichtbaren **Stahlhaus** am Torrener Joch.

Der **Rückweg** verläuft bis zum Materialaufzug auf der Anstiegsroute. Kurz vor der Unterjochalm kann man auf die linke Talseite wechseln und auf der Straße über schier endlose Kehren zum **Bärenhof** hinablaufen oder kürzer über die Unterjochalm absteigen.

34 Schwarzerberg, 1584 m

Steile Waldpfade auf einen stillen Gipfel über dem Lammertal

Berggasthof Bachrain – Schwarzerberg und zurück

Talorte: Kuchl, 469 m; Golling, 481 m.
Ausgangspunkt: Berggasthof Bachrain, ca. 900 m. Anfahrt: Von der Salzachtal-Bundesstraße zwischen Kuchl und Golling in Richtung Moosegg und zum Gasthof Bachrain. Parkmöglichkeit am und ca. 300 m vor dem Gasthaus (Linkskurve).
Gehzeiten: Bachrain – Schwarzerberg 2 Std., Schwarzerberg – Bachrain 1¼ Std.; Gesamtgehzeit: 3¼ Std.
Höchster Punkt: Schwarzerberg, 1584 m.
Höhenunterschied: Knapp 700 m.

Anforderungen: Gut markierter, steiler Waldsteig, der phasenweise Trittsicherheit erfordert, bei Nässe unangenehm.
Einkehrmöglichkeiten: Berggasthof Bachrain (Do. Ruhetag), Gasthaus Hochreith (nur bei Variante).
Sehenswertes: Gipfelpanorama vom Schwarzerberg, Wildgehege in Bachrain.
Variante: Von Hochreith (953 m, Anfahrt w. o., bei der Gabelung im Wald links), auf Weg 10 nach Bachrain und weiter zum Schwarzerberg (1¼ Std. länger).

Die Anhöhen um Bachrain und Hochreith sind interessante Aussichtspunkte über dem Salzachtal und gegenüber dem Hagengebirge. Mit dem zumeist recht stillen Schwarzerberg gewinnt die Rundsicht noch erheblich an Qualität. Vor allem das Tennengebirge stellt sich in seiner ganzen Breitseite zur Schau und bietet Einblick in seine vielgestaltige Karsthochfläche. Links davon machen Dachstein und die unverwechselbare Berggestalt der Bischofsmütze auf sich aufmerksam.

Von **Bachrain** wandert man am Zaun des Wildgeheges entlang nach rechts auf einen Rücken und über diesen hinweg in eine Senke hinab. Dem breiten Waldweg folgt man nur bis zur nächsten Rechtskurve, wo rechts der Pfad zum Schwarzerberg abzweigt. Er folgt einer steilen Waldrippe bis zu einem **Schartl** (Weggabelung). Am linken Pfad müht man sich nun über steiles, von zahlreichen kleinen Felsstufen durchsetztes Waldgelände zu einer Steilrinne hinauf. In ihrem Bereich windet sich der Steig zur Höhe, bis sich das Gelände zurücklehnt und der Weg zuletzt über eine Wiese und am Gipfelkamm entlang den **Schwarzerberg** erreicht. **Abstieg** wie Anstieg.

Dachsteinblick vom Schwarzerberg.

35 Paß Lueg und Salzachöfen

Wo sich die Salzach durch zwei Gebirgsgruppen zwängt

Paß Lueg – Luegwinkel – Lammerbrücke – Salzachöfen – Paß Lueg

Talort: Golling, 481 m.
Ausgangspunkt: Paß Lueg, 573 m. Anfahrt: Von Golling auf der Salzachtal-Bundesstraße in Richtung Werfen. Parkplatz vor dem Tunnel links oder gleich dahinter rechts.
Gehzeiten: Paß Lueg – Waldweg/Luegwinkel – Lammerbrücke 1 Std., Lammerbrücke – Salzachöfen – Paß Lueg ¾ Std.; Gesamtgehzeit: 1¾ Std.
Höchster Punkt: Waldweg nach Golling, ca. 680 m.
Höhenunterschied: Ca. 250 m incl. einiger Gegenanstiege in der Salzachklamm.
Anforderungen: Gut beschilderte, breite Wanderwege und Forststräßchen, gut gesicherter Steig und Treppen in der Klamm, nur stellenweise Trittsicherheit erforderlich.
Einkehrmöglichkeiten: Gasthof Paß-Lueg-Höhe (im Aug. durchgehend bew., sonst am Mo. Ruhetag), Gasthof Paß Lueg (Mo. Ruhetag).
Sehenswertes: Salzachöfen (»G«), Paß Lueg mit Wallfahrtskirche Maria Brunneck im Rokokostil, Struber-Denkmal (Freiheits-

kämpfer gegen Napoleon 1809) und Turnergedenkstätte.
Variante: Über Zimmerau nach Kuchlbach, daran rechts vorbei, am Bach entlang zur Kuchlbachbrücke und auf das rechte Ufer der Lammer, flußabwärts zum Gasthof Paß Lueg jenseits der Lammerbrücke, wo diese große Schleife wieder in die kleine einmündet (ca. 1½ Std. länger).

Der an Höhe unbedeutende Paß Lueg bei Golling ist nicht nur die Nahtstelle von Tennen- und Hagengebirge, sondern er galt bereits zur Römerzeit als Eingangstor in den Pongau und zu den Alpenübergängen der Hohen und Niederen Tauern. Am Paß Lueg sammelten sich auch die Struber-Schützen 1809 im Kampf gegen Napoleon. An dieser Engstelle hat der mächtige und wilde Gebirgsfluß Salzach in Jahrmillionen einen nur wenige Meter breiten Durchschlupf geschaffen und uns mit den brodelnden Salzachöfen eine gigantische Klamm modelliert. Als diese Salzachöfen am 6.9.1931 von dem Österreicher Adolf Anderle mit einem Faltboot erstmals befahren wurden, war dies eine echte Sensation. Dies um so mehr, als von den folgenden 30 offiziellen Aspiranten 16 ertranken. Mit dem modernen Kunststoffboot und der stark verbesserten Fahrtechnik zählen die Salzachöfen heute bei herbstlichem Niedrigwasser zum klassischen Repertoire der extremen Kajakfahrer. Die Rundtour vom **Paß Lueg** über den Luegwinkel und die Salzachöfen beginnt am Scheitelpunkt über dem Tunnel. Neben dem Struber-Denkmal führt der mit *Nr. 35* markierte Weg ostwärts zu einem Asphalträßchen, auf diesem über zwei Kurven bergwärts, bis links der »Waldweg Golling« zum Gehöft Steinberger abzweigt. Daran geht es rechts vorbei, zum Wald hinauf, nach einer Doppelschleife vom breiten Weg rechts ab und an der folgenden Verzweigung, dem Scheitelpunkt der Wanderroute, erneut rechts ab. An der nächsten Gabelung hält man sich links und folgt bei weiteren Abzweigungen stets dem breiteren Wanderweg durch herrlichen Buchenwald und zeitweise an einem Bach entlang in den **Luegwinkel** und zur Lammer hinab.

Hier wandert man am linken Flußufer bis zur **Brücke** hinaus, überquert dort die Bundesstraße zum Gasthof Paß Lueg, geht unmittelbar daran links vorbei und dahinter auf der Wallpachstraße bis zu einer Kapelle, hinter der links ein Wiesenweg (*Nr. 11*) zum Paß Lueg abzweigt. Unter einer Brücke steigt man über eine Treppe links hinauf und folgt dem schattigen Pfad hoch über dem reißenden Fluß in die Salzachklamm hinein. Man steigt schließlich zu einem alten Kassenhäuschen und einer Wegverzweigung ab, wo im Bereich des »Domes« der Zugang in die düstere und eindrucksvolle Klamm der **Salzachöfen** durch Treppen und Stege erschlossen ist. Hier ist die Salzach nur wenige Meter breit und tost lautstark durch die Felsenschlucht. Zurück zur Wegverzweigung wandert man am rechten Steig zur Kassenstelle und zum **Paß Lueg** hinauf.

Blick in die Salzachklamm.

36 Stefan-Schatzl-Hütte

Schattige Hüttenwanderung im Tennengebirge

Parkplatz an der Kuchlbachbrücke – Kuchlbach – Infangalm – Stefan-Schatzl-Hütte – Schönalpe – Thomanbauer/Wieser – Kuchlbachbrücke

Talorte: Unterscheffau, 488 m; Oberscheffau, 510 m.

Ausgangspunkt: Parkplatz an der Kuchlbachbrücke, 492 m. Anfahrt: Von Golling in Richtung Abtenau bis zum zweiten, etwas versteckten Parkplatz hinter Unterscheffau bei km-Marke 3,8.

Gehzeiten: Kuchlbachbrücke – Stefan-Schatzl-Hütte 3 Std., Schatzlhütte – Schönalpe – Thomanbauer/Wieser 1¾ Std., Thomanbauer – Kuchlbachbrücke ¾ Std.; Gesamtgehzeit: 5½ Std.

Höchster Punkt: Schatzlhütte, 1336 m.

Höhenunterschied: Gut 850 m.

Anforderungen: Bis zur Schönalpe nur kurzzeitig Trittsicherheit erforderlich, weiterer Hüttenanstieg auf alpinem Pfad.

Einkehrmöglichkeiten: Stefan-Schatzl-Hütte (TVN, Selbstversorgerhütte, geöffnet nur an Wochenenden ab Sa. Mittag von Pfingsten bis 26. Okt., 22 Lager, Verpflegung mitbringen, Brunnen vor der Hütte).

Sehenswertes: Aussicht von der Schatzlhütte, Lammeröfen in Oberscheffau, gotische St. Ulrichskirche in Unterscheffau.

Varianten: 1. Rundtour nur über die Schönalpe ohne Schatzlhütte (2½ – 3 Std., beschildert, S. »blau«).

2. Zur Schatzlhütte auf gleichem Hin- und Rückweg in ca. 5 Std. am besten von Oberscheffau (hinter der Lammerbrücke

rechts, Weg 56, S. »rot«, Zufahrt mit Pkw bis zur Schranke beim Thomanbauer möglich).

3. Knallstein (2233 m) über die Knallsteinplatte in 2 ½ – 3 Std. ab Hütte, S. »schwarz«.

Die Nordseite des Tennengebirges war noch nie überlaufen und wird auch in Zukunft sicher zu den stillen Gegenden zählen. Deshalb ist auch die Stefan-Schatzl-Hütte nur an Wochenenden geöffnet. Sie gilt als Stützpunkt für eine Knallsteinbesteigung, für Höhlenforscher und Wanderer.

Vom Parkplatz bei der **Kuchlbachbrücke** über die Lammer, vor dem folgenden Bach links zu einer Verzweigung, hier rechts über den Bach und zum Gut **Kuchlbach** hinauf. Ein kurzes Stück dahinter geht es wieder links über den Bach. Durch den Wald gelangt man zu einer schneisenartigen Lichtung,

Rast an der Stefan-Schatzl-Hütte.

über diese zu einem Boden hinauf, über ein Bächlein hinweg und rechts weiter. Hinter der versteckten **Infangalm** steigt der Weg über eine weitere große Lichtung mit Blick auf den Knallstein und den Felsturm des Kirchls etwas mühsam in einer Bachrinne zu einem Waldplateau an. Hier führt der rechte Pfad zu einer Forststraße und zu einer Gabelung. An dieser geht es links zu einer **Wegkreuzung** weiter, an der man rechts zur Schatzlhütte abzweigt und kurz darauf auf eine weitere Verzweigung trifft. An einem Baum gibt eine kleine Tafel über die Öffnung der **Schatzlhütte** Auskunft. Der Pfad führt zuerst über eine steile Waldstufe bergan, holt dann rechts aus, windet sich zwischen Felsblöcken zu einer Minihöhle hinauf und links zur Hütte.

Der **Rückweg** folgt der Anstiegsroute bis zum Waldboden, dort wandert man rechts in Richtung **Oberscheffau**. Kurz hinter dem langgezogenen Almboden der unbewirtschafteten **Schönalpe** führt die linke Route über ein Gatter am raschesten talwärts. Sie folgt den bewaldeten Mulden auf einen kleinen Boden hinab. Hier schwenkt sie nach rechts, quert nach einer rauhen Rinne einen Bach und erreicht bald darauf bei einem Wasserfall wieder die Almstraße und vor dem **Thomanbauer** ein Asphaltsträßchen. Auf diesem läuft man links bis zu seinem Ende bei einem Gehöft, dahinter rechts zum Auwald und an der Lammer entlang zum Parkplatz bei der **Kuchlbachbrücke** hinaus.

37 Alpbichl und Aubachfall

Geheimtip für »Pfadfinder« vor der Kulisse des Tennengebirges

Forsthaus in der Pichlau – Salzgföllalm – Alpbichl-Jagdhütte – Alpbichl – (Alpbichllalm -) Forsthaus – Aubachfall und zurück

Talort: Voglau, 581 m, Gemeinde Abtenau.
Ausgangspunkt: Forsthaus in der Pichlau, ca. 650 m. Bei km 11,6 der B 162 von Golling nach Abtenau führt eine Nebenstraße über die Lammer (Ww. »Pichl-West«) und in einer riesigen Linksschleife 1,3 km zum Parkplatz beim Forsthaus.
Gehzeiten: Forsthaus – Salzgföllalm – Alpbichl-Jagdhütte 2¼ Std., Jagdhütte – Alpbichl gut ½ Std., Alpbichl – Alpbichllalm – Forststraße – Parkplatz gut 2½ Std., am Anstiegsweg nur 1¾ Std.; Gesamtgehzeit: 4½ bzw. 5 ¼ Std. Steiganlage zum Aubachfall hin und zurück gut 20 Min.
Höchster Punkt: Alpbichl, 1477 m.
Höhenunterschied: Ca. 820 m.
Anforderungen: Forststraße oder unmarkierter, meist gut erkennbarer Waldsteig unterschiedlicher Steilheit. Im Gipfelbereich weglose Grasrücken, Orientierungssinn und ausreichende Sicht erforderlich, nicht bei Nebel! Treppenartige Steiganlage zum Aubachfall.
Einkehrmöglichkeiten: Keine!
Sehenswertes: Aubachtal und Aubach-Wasserfall in canyonartiger Schlucht, Panorama am Alpbichl.
Variante: Zum Naturdenkmal Aubachfall: Vom Forsthaus auf der Fahrstraße ca. 250 m zu einer Brücke hinab, dahinter am Schilchegg-Güterweg ca. 200 m links zu einer Rastbank hinauf (Parkmöglichkeit), wo der

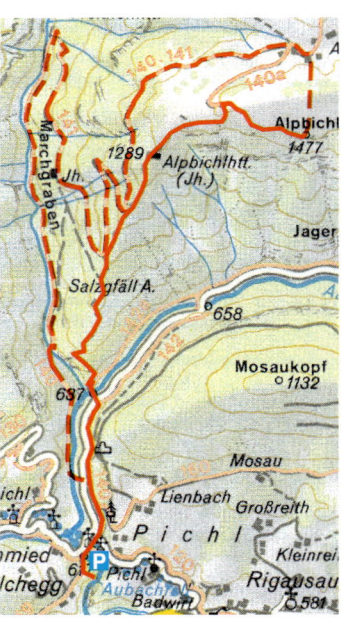

Steig zum Wasserfall abzweigt und über mehr als 200 Stufen und ca. 50 Hm in die grandiose Schlucht hinabführt.

Sofern man heute den Begriff »Geheimtip« noch verwenden darf, ist man geneigt, das Wandergebiet der Pichlau entsprechend einzustufen. Die Eintragungen im Gipfelbuch des Alpbichl lassen erkennen, daß sich fast ausschließlich Einheimische auf diesen reizvollen Aussichtspunkt vor der Tennengebirgskulisse »verirren«. Auf einer Forststraße oder – der Straßen überdrüssig – auf einem unmarkierten, doch gut gangbaren Waldsteig kann man den stillen Winkel um den Alpbichl erwandern.

Vom Alpbichl blickt man aufs Tennengebirge: Scheiblingkogel, Knallstein und Wieselsteine (von links nach rechts).

Vom **Forsthaus** auf der Lienbachstraße (Schranke, Ww. *»140 Alpbichl, Postalm«*) in das romantische **Aubachtal**. Hier bieten sich zwei Routen zum Alpbichl an: 1. Bei der ersten Brücke links über den Aubach und auf der langen Forststraße zuerst durch den Marchgraben, dann in weiten Schleifen auf der anderen Seite des Tales zur **Alpbichlalm** (*Weg Nr. 141*) und rechts über weglose Weidehänge zum Gipfelkreuz.

2. Vom Forsthaus ca. 1 km bis zur **zweiten Brücke** (Einmündung des Marchgrabens). Links über die Brücke und über die folgende Weggabelung noch ca. 10 m geradeaus weiter. Hier zweigt scharf rechts ein versteckter Steig ab, der sich im wesentlichen an einer bewaldeten Geländekante hinaufwindet. Etwa ½ Std. geht es ziemlich steil bergan, später durchzieht der Steig die Lichtung um die **Salzgföllalm** der Länge nach und erreicht nach einer weiteren Waldpassage die Almstraße bei einer Linkskehre. Der Steig verläßt die Straße sofort wieder, tangiert eine Etage höher erneut bei einer Linkskehre die Straße und führt über eine Waldrippe zur **Alpbichl-Jagdhütte** (Gatter) weiter. Dahinter tritt er aus dem Wald und führt an freien Südhängen entlang, wobei das Gipfelkreuz am **Alpbichl** sichtbar wird. Weglos steigt man auf die Weiderücken zur Linken und erreicht über diese den Gipfel.

Abstieg wie Anstieg. Wer sich jedoch für eine **Rundtour** entscheidet, sollte diese im Anstieg über die Salzgföllalm durchführen, da der Steigbeginn bei der versteckten Jagdhütte für den Ortsunkundigen schwer zu finden ist! Wer über die Alm und die Forststraße zurückkehren will, hält sich am Gipfelplateau nordwärts und erreicht an den Bäumen entlang Alm und Straße. Ein **Wechsel** von der einen Route zur anderen erfolgt am einfachsten bei den erwähnten Straßenkehren!

38 Einberg, 1688 m

Stiller Aussichtspunkt vor Dachstein und Tennengebirge

Höhhäusl – Pernegg – Rigausberg – Einberg und zurück

Talort: Voglau, 581 m.
Ausgangspunkt: Kl. Parkplatz in Höhhäusl an der Postalmstraße, knapp 900 m. Anfahrt: Auf der B 162 von Golling nach Abtenau, bei km 12,2 links nach Voglau und auf der Postalmstraße nach Höhhäusl (5,1 km von der B 162).
Gehzeiten: Höhhäusl – Pernegg ¼ Std., Pernegg – Rigausberg – Einberg 2¼ Std., Einberg – Höhhäusl 1½ Std.; Gesamtgehzeit: 4 Std.
Höhenunterschied: Gut 800 m.
Anforderungen: Kurzzeitig Sträßchen, überwiegend unschwieriger, markierter Waldsteig, nur stellenweise Trittsicherheit erforderlich.
Einkehrmöglichkeiten: Keine!
Variante: Erweiterung der Tour über Thal-

gauer Windhof möglich, ca. ½ Std länger.

Bereits auf dem Weg von der Postalmstraße nach Pernegg erhält man einen Vorgeschmack darauf, welch reizvolles Panorama einen auf dem wesentlich höheren Einberg erwartet, dessen Kuppe über einen weiten Waldmantel hinausragt. Dem südlichen Randgipfel der Osterhorngruppe sind größere Menschenmengen fremd, so daß man die prachtvolle Aussicht vor allem auf Dachstein und Tennengebirge in aller Ruhe genießen kann und die Stille in den Sommermonaten evtl. nur mit einer Herde Schafe teilen muß.

Von **Höhhäusl** geht man auf einem Nebensträßchen ca. 800 m nach **Pernegg** hinauf, zwischen den Gebäuden links hindurch und auf einem Forststräßchen bergwärts zu einer Verzweigung. Nun geht es links an einer Felswand entlang, und bald darauf zweigt man von der Forststraße rechts ab, steigt schräg links durch den Wald hinauf, über eine weitere Forststraße hinweg und an der Einmündung des Steiges von »Voglau, Thalgauer Windhof« geradeaus weiter, bis man die Kammhöhe erreicht.

Nun zieht sich der Pfad vorübergehend über ziemlich ebenes Waldgelände hin (Rigausberg). Anschließend führt er zuerst an einem alten Brunnen vorbei, beschreibt dann einen auffallenden Linksbogen, ehe sich der Wald zunehmend lichtet und man eine Senke erreicht, die den Blick zum Gipfel freigibt. Über einen Grasrücken steigt man schließlich zum Gipfelkreuz hinauf und in wenigen Minuten links auf den höchsten Punkt am **Einberg**. **Abstieg** wie Anstieg.

Der Einberg liegt dem Tennengebirge direkt gegenüber.

39 Seitenalm und Au-Wasserfälle

Kleine Wanderziele um Abtenau

Abtenau – Schwarzenbach – Seitenalm – Unterberg – Aumühle – Tricklfall – Dachserfall – Aumühle – Abtenau

Talort / Ausgangspunkt: Abtenau, 714 m.
Gehzeiten: Abtenau – Schwarzenbach – Seitenalm 1½ Std., Seitenalm – Unterberg – Aumühle knapp 1 Std., Aumühle – Tricklfall – Dachserfall – Aumühle ca. ¾ Std., Aumühle – Abtenau gut ½ Std.; Gesamtgehzeit: ca. 4 Std.
Höchster Punkt: Seitenalm, knapp 950 m.
Höhenunterschied: Ca. 350 m im mehrfachen Auf und Ab.
Anforderungen: Gut markierte Straßen und schöne Wanderwege, zur Seitenalm wahlweise Forststraße oder steiler Waldweg.
Einkehrmöglichkeiten: Aumühle, Wandalm, Seitenalm (fast ganzj. bew., ℰ 0663 / 686 14) und Gasthöfe in Abtenau.

Sehenswertes: Seitenalm mit Nebengebäude (ca. 400 Jahre alt), Trickl- und Dachserfall, Heimatmuseum Arlerhof (»G«) und Fischbachsäge beim Gasthaus Aumühle (geöffnet Di., Do., So. 14.00 – 17.00 Uhr), Marktplatz und Kirche in Abtenau, Egelsee.
Varianten: 1. Von der Seitenalm zum Hochsattel, evtl. auch noch zur Rocheralmhöhe (Weg 125 b, ca. 1 Std.).
2. Egelsee-Rundwanderung von Abtenau (Biotop in Landschaftsschutzgebiet, Weg 160), evtl. noch zur Lammer (Weg 170) und Rückweg über den aussichtsreichen Scheffenbichl (Weg 173), 1½ – 4 Std. je nach Ausdehnung der Route.

Der Markt Abtenau am Tennengebirge kann im Sommer wie im Winter eigentlich alles bieten, was der Gast heute erwartet. Die Landschaft um den Ort ist reich an kleinen und großen Sehenswürdigkeiten und hält Wanderrouten für alle Ansprüche bereit. Zu den leichten Wanderzielen zählen u.a. die Au-Wasserfälle, die Seitenalm und der Egelsee.

Der idyllisch gelegene Egelsee bei Abtenau.

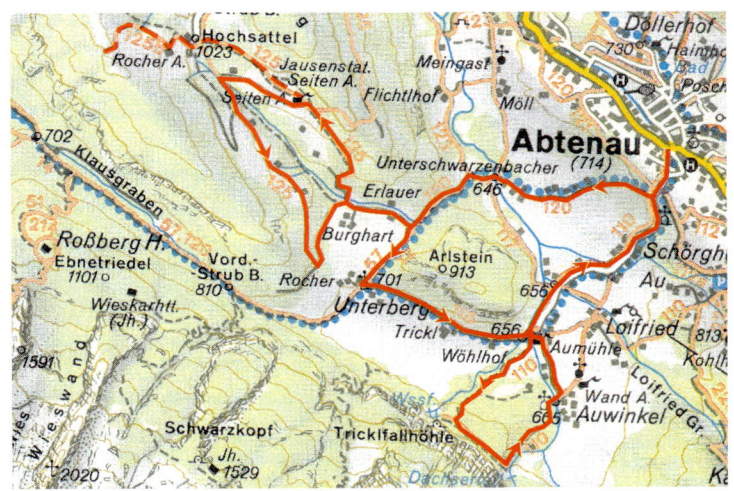

Vor dem Marktplatz führt eine Straße zwischen zwei Geldinstituten und dem
Gasthof Post über eine Anhöhe hinweg. Unmittelbar vor dem Wald zweigt
man rechts in eine Sackgasse ab (»Seitenalm 120«), überquert an deren
Ende die Hauptstraße und folgt der Straße auf der Gegenseite geradewegs
zu den Häusern von **Schwarzenbach** hinab. Daran geht es links entlang,
über eine Brücke, dahinter rechts, über einen Seitenbach und an der folgenden Gabelung links. Am Bach entlang steigt man im Wald zu einer weiteren
Verzweigung hinauf und gelangt rechts auf Weg 125 zum Erlaubauer. Nun
wandert man auf einer Forststraße oder einem steilen, steinigen Waldweg,
der kurz hinter Erlau rechts abzweigt, zur Seitenalm. Bei einer dreifachen
Weggabelung wählt man den rechten Pfad.

Der **Abstieg** erfolgt auf einer der beiden Routen bis zur Asphaltstraße hinter
dem Erlaubauer. Auf dieser (Weg 120) läuft man rechts um den Arlstein
herum nach **Unterberg** und zum Gasthaus **Aumühle** hinaus. Unmittelbar
davor zweigt zwischen zwei Brücken rechts der Weg 110 zum **Tricklfall** ab.
Er bietet zwei Abstecher mit »Tricklfallblick« und quert etwa vom höchsten
Punkt links an einer Felswand entlang zum **Dachserfall** hinab. Beide Wasserfälle sind typische Karstquellen, deren Schüttung von der Jahreszeit
(Schneeschmelze) und den aktuellen Niederschlägen abhängig ist; der
Trickfall ist wasserreicher. Auf schönem Waldweg geht man zur Straße hinaus (Abstecher zur Kneippanlage und zur Wandalm) und links zum Heimatmuseum bei der **Aumühle**. Auf der Straße (Weg 110) wandert man schließlich nach **Abtenau** hinauf.

40 Drei Gipfel über der Gsengalm

Auf die östlichen Randgipfel des Tennengebirges

Karkogellift – Gsengalm – Kleiner Traunstein – Berliner Kreuz – Schober – Gsengalm – Karkogellift (Sommerrodelbahn)

Talort: Abtenau, 714 m.
Ausgangspunkt: Karkogellift-Bergstation, 1134 m. Vom südöstlichen Ortsende von Abtenau rechts zum Karkogellift (Anf. Mai – Anf. Okt. bei guter Witterung tägl. von 8.30 – 16.30 Uhr in Betrieb, ☎ 06243 / 24 32, Sommerrodelbahn).
Gehzeiten: Bergstation – Gsengalm 1½ Std., Gsengalm – Schober-Hauptgipfel-Gipfelkreuz 1½ Std., Schober – Gsengalm 1 Std., Gsengalm – Berliner Kreuz und zurück ca. ¾ Std., Gsengalm – Kl. Traunstein und zurück 1 Std., Gsengalm – Bergstation ca. 1 Std.; Gesamtgehzeit: 2½ Std. (nur Gsengalm) – 5½ Std. (alle drei Gipfel).
Höchste Punkte: Schober-Westgipfel, 1810 m; Schober-Ostgipfel (Kreuz), 1791 m; Kleiner Traunstein, 1659 m; Berliner Kreuz, ca. 1650 m.
Höhenunterschied: Ca. 350 m Gsengalm, 530 m Berliner Kreuz, 550 m Kleiner Traunstein, 700 m Schober, 850 m alle drei Gipfel. incl. kleiner Gegenanstiege.
Anforderungen: Wanderweg zur Gsengalm und zum Gsengsattel bzw. zum Berliner Kreuz (S. »blau«); alpiner Steig und kurzer, seilgesicherter Felsgrat am Kl. Traunstein (S. »schwarz«), felsdurchsetzter, steiler Gras- und Latschenhang am Schober, Grat vom West- zum Ostgipfel (S. »rot« obere Grenze, kurze Drahtseilpassagen, Schwierigkeiten wesentlich länger als am Kl. Traunstein, nicht bei Nässe!). Schober und Kl. Traunstein erfordern gutes Schuhwerk, viel Trittsicherheit und auch Schwindelfreiheit!
Einkehrmöglichkeiten: Gasthaus Traunstein an der Talstation, Karkogelhütte an der Bergstation (bew. bei Liftbetrieb), Gsengalm (AV, bew. Mitte Juni – Ende Sept., 30 L., ☎ 0664/3575153), Karalm (fast ganzj. bew., ☎ 06243/2985).
Sehenswertes: Gipfelpanorama (Dachstein und Gosaukamm) und Tiefblick.
Variante: Abstieg von der Gsengalm auf Weg 226 über Eggenreith zum Gasthaus »Fischbachstub'n« (in der unteren Hälfte wahlweise Wanderweg oder längere Forststraße), von Gasthaus mit Bus oder auf Weg 190 gegenüber (!) der Bundesstraße nach Abtenau (2 – 2½ Std.).

Die Wanderung vom Karkogellift über die Gsengalm zu den drei Gipfeln am Ostrand des Tennengebirges bietet die ganze Palette der Schwierigkeitskala dieses Wanderführers von »blau« (Berliner Kreuz) über »rot« (Schober) bis »schwarz« (Kleiner Traunstein). Der Schober, der höchste und östlichste der drei Gipfel, zieht wegen seiner prächtigen Aussicht auf Gosaukamm, Dachstein und ins Abtenauer Becken verständlicherweise die meisten Gäste an.
Von der Bergstation des **Karkogellifts** auf der eben verlaufenden Forststraße nur ein kleines Stück über die Karkogelhütte hinaus, dann scharf links über den zunächst recht steilen Waldrücken des **Karriedel**, der sich mit zunehmender Höhe zurücklegt. Unter dem Kleinen Traunstein quert man durch zwei Karmulden ostwärts zur **Gsengalm**, die vor der steilen Nordwestflanke des Schober Platz gefunden hat. Gleich rechts über der Hütte verzweigen sich die Wege. Der **rechte** führt steil auf eine Anhöhe und im Rechtsbogen

durch Latschen und lichten Wald an den **Kleinen Traunstein** heran. Ein durchgehendes Drahtseil hilft über den felsigen und luftigen Südgrat zum Gipfelkreuz hinauf. **Abstieg** nur wie Anstieg, es ist jedoch ein Übergang zum **Berliner Kreuz** problemlos möglich. Der Pfad führt durch eine Senke hindurch, dann von Westen und Süden her zum höchsten Punkt.

Zum Schober und zum Berliner Kreuz folgt man oberhalb der Gsengalm dem **linken** Steig über gestufte Grasmulden zum **Gsengsattel**. Im Rechtsbogen erreicht man von Süden her das von einem Latschenmantel umsäumte **Berliner Kreuz**.

Den Schober geht man vom Gsengsattel im Linksbogen an. Horizontale und vertikale, abgetretene Felsbänder – an einer Stelle von einem Drahtseil entschärft – vermitteln den Anstieg zuerst über eine steile Gras- dann Latschenflanke zum Westgipfel. Im leichten Ab- und erneuten Anstieg gelangt man ohne größere Schwierigkeiten meist seitlich des Grates (kl. Drahtseile) auf den etwas niedrigeren Ostgipfel (Kreuz; im Bild auf Seite 111 ist der Übergang vom West- zum Ostgipfel, also von links nach rechts zu erkennen).

Abstieg zur Gsengalm nur wie Anstieg!

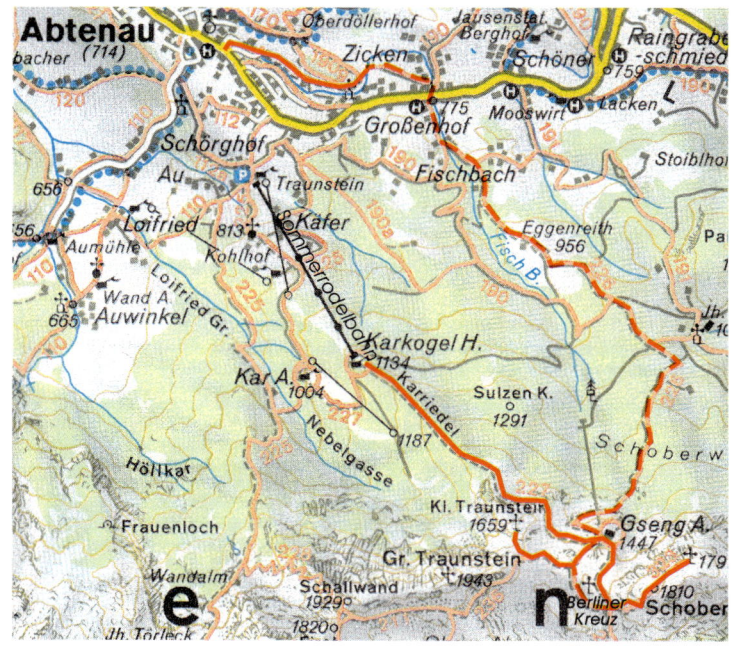

41 First-Rundweg

Auf alpinem Steig den Großen und Kleinen Traunstein umrunden

Karalm – Wandalm – First – Gsengalm – Karkogelhütte/Lift – Karalm

Talort: Abtenau, 714 m.
Ausgangspunkt: Karalm, 1004 m. Am südöstl. Ortsende von Abtenau rechts in Richtung Abtenauer Bergbahnen, davor links auf einer Bergstraße zur Karalm.
Gehzeiten: Karalm – Wandalm 1¼ Std., Wandalm – First 1½ Std., First – Gsengalm 1 Std., Gsengalm – Karkogelhütte/Lift 1 Std., Karkogelhütte – Karalm ¼ Std.; Gesamtgehzeit: 5 Std.
Höchster Punkt: First, 1820 m.
Höhenunterschied: Ca. 1000 m incl. kleiner Gegenanstiege.
Anforderungen: Gut beschilderter Steig in alpinem Gelände mit kleinen Seilsicherungen zum First. Trittsicherheit, etwas Schwindelfreiheit, gutes Schuhwerk und Ausdauer erforderlich. Nicht bei Nässe oder gar Vereisung, nach Regenfällen einige Tage abtrocknen lassen!
Einkehrmöglichkeiten: Gasthaus Karalm (fast ganzj. bew., ☎ 06243/2985), Gsengalm

(AV, bew. Mitte Juni – Ende Sept., 30 L., ☎ 0664/3575153), Karkogelhütte (bew. bei Liftbetrieb).
Sehenswertes: Die alpine Szenerie auf der Rundtour.

Der gut beschilderte »First-Rundweg« ist eine bekannte Abtenauer Bergtour. Er führt in alpinem Gelände um Schallwand sowie Großen und Kleinen Traunstein herum und erreicht auf der Scharte des First den höchsten Punkt. Aus Sicherheitsgründen sollte er nur bei trockenen Verhältnissen in der beschriebenen Richtung begangen werden. In Gegenrichtung ist er bei Benützung des Karkogellifts zwar etwas kürzer, doch auch gefährlicher, da die unangenehmen Passagen im Abstieg zu bewältigen sind.
Vor der **Karalm** auf einer Forststraße rechts in eine Senke hinab (Stoibanger), dann auf einem Steig (*Weg 225*) zu einer Wegverzweigung hinauf (Einmündung der Route 225 a von Abtenau) und über einen Hochwaldrükken auf dem »*Sommerweg*« zum Sockel einer Felswand. An dieser geht es rechts entlang (drei kurze Drahtseilpassagen) und ein kurzes Stück noch im Wald zur freien Hangterrasse der **Wandalm** hinaus. Kurz vor der kleinen Hütte trifft man auf eine Quelle und auf die Abzweigung des **Firststeiges** (*Weg 228*). Dieser zieht auf der linken Seite der steilen, zwischen Schallwand und Tagweide eingebetteten Grasmulde – von kurzen Drahtseilpassagen unterstützt – zur Scharte, dem **First**, hinauf. Dahinter geht es zuerst in

Serpentinen über einen Grashang zu einer Verzweigung hinab. Der linke, stärker ausgetretene *Steig 236* führt im Wechsel von Schuttreisen und Grashängen am Sockel der Schallwand entlang, gelangt leicht steigend über einen Rücken hinweg und steigt am Fuß des Großen Traunstein über gestufte Grashänge (Quelle) und an einem seilgesicherten Felsband hinab. An einer Grube entlang kommt man zu einem flachen Rücken (Abzweigung zum Kleinen Traunstein) und schräg links zur **Gsengalm** hinab. *Weg 227* quert mit kleinem Gegenanstieg westwärts durch zwei Karmulden unterm Kleinen Traunstein, ehe das Gelände über den bewaldeten **Karriedel** immer steiler zum **Karkogellift** abfällt. Zwischen den beiden Gebäuden führt ein breiter Wanderweg links zu einem Gatter und dahinter am Waldrand zur **Karalm** hinab. Am bequemsten kehrt man von der Bergstation mit der Sommerrodelbahn ins Tal zurück; man muß jedoch die Abholung des Autos an der Karalm organisieren.

Vom First (Scharte links) führt der Weg um den Großen Traunstein herum.

42 Laufener Hütte

Selbstversorgerhütte im Naturschutzgebiet Tennengebirge

Karalm – Wandalm – Laufener Hütte und zurück

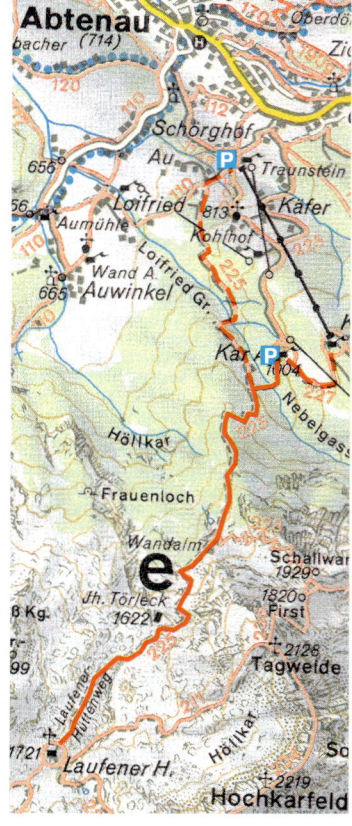

Talort: Abtenau, 714 m.

Ausgangspunkt: Karalm, 1004 m. Am südöstl. Ortsende von Abtenau rechts in Richtung Abtenauer Bergbahnen, davor links auf einer Bergstraße zur Karalm.

Gehzeiten: Karalm – Wandalm 1¼ Std., Wandalm – Laufener Hütte 1¼ Std., Laufener Hütte – Karalm 2 Std.; Gesamtgehzeit: 4½ Std.

Höchster Punkt: Laufener Hütte, 1726 m.

Höhenunterschied: Ca. 800 m incl. kleiner Gegenanstiege.

Anforderungen: Gut markierter und gesicherter alpiner Hüttenweg (gute Seilgeländer im mittleren Abschnitt, Waldweg in der unteren Hälfte).

Einkehrmöglichkeiten: Gasthaus Karalm (fast ganzj. bew., ✆ 06243 / 29 85, hier Auskunft über Bewartung der Laufener Hütte erhältlich), Laufener Hütte (AV, bewartet Anf. Juli – 1. Sonntag im Okt., nur Getränke und Suppe erhältlich, 80 Schlafplätze, Gruppen ab ca. 5 Personen vorher anmelden, ✆ 08682 / 364, dt. Tel.-Netz!).

Varianten: 1. Von der Bergstation des Karkogellifts ca. ¼ Std., von der Talstation auf Weg 225 a ca. ¾ Std. längerer Anstieg zur Laufener Hütte.

2. Markierte Gipfeltouren von der Laufener Hütte für Bergwanderer mit alpiner Erfahrung: Hochkarfelderkopf (2 Std.), Edelweißkogel (gut 1 Std.), Fritzerkogel (Hausberg, 1½ – 2 Std.), Bleikogel (ca. 3 Std.); ausreichende Sicht erforderlich.

Die Laufener Hütte, in einem reich gegliederten Karstkessel des Tennengebirges gelegen, ist nur in den Sommermonaten bewartet, sie zählt zur Kategorie der Selbstversorgerhütten und ist folglich noch relativ ruhig. Dem Wanderer mit alpiner Erfahrung kann sie eine Reihe von Gipfeln mit aussichtsreichen Überschreitungen anbieten.

Vor der **Karalm** auf einer Forststraße rechts in eine Senke hinab (Stoibanger), dann auf einem Steig (*Weg 225*) zu einer Wegverzweigung hinauf (Einmündung der Route 225 a von Abtenau) und über einen Hochwaldrücken auf dem »*Sommerweg*« zum Sockel einer Felswand. Hier geht es rechts entlang (3 kurze Drahtseilpassagen) und zunächst noch im Wald zur freien Hangterrasse der **Wandalm** hinaus. Kurz vor der kleinen Hütte trifft man auf eine Quelle und auf die Abzweigung des Firststeiges. Hinter der Hütte folgt ein kurzer Abstieg (Drahtseil), dem sich ein steiniger, windungsreicher Pfad über einen felsdurchsetzten Latschenhang anschließt. Über welliges Gelände, durch kleine Gruben und latschengesäumte Felsengassen erreicht man schließlich die **Laufener Hütte**.

Abstieg wie Anstieg, sofern man nicht die Tour 43 oder den einen und anderen Gipfel der Variante 2 dranhängen will.

Die Laufener Hütte mit dem Bleikogel (rechts) im Hintergrund.

43 Über die Tagweide

Alpiner Übergang von der Laufener Hütte zur Gsengalm

Laufener Hütte – Tagweide – First – Gsengalm – Karalm

Talort: Abtenau, 714 m.
Ausgangspunkt: Laufener Hütte, 1726 m. Zugang wie Tour 42.
Gehzeiten: Laufener Hütte – Tagweide 1¾ Std., Tagweide – First – Gsengalm ca. 1½ Std., Gsengalm – Karalm 1¼ Std.; Gesamtgehzeit: 4½ Std.
Höchster Punkt: Tagweide, 2128 m.
Höhenunterschied: Ca. 500 m incl. kleiner Gegenanstiege.
Anforderungen: Stabile Witterung, ausreichende Sicht, Bergerfahrung, Trittsicherheit, Schwindelfreiheit, feste Schuhe erforderlich, mehrere Drahtseilpassagen in alpinem Steil-

gelände, nicht bei Nässe!
Einkehrmöglichkeiten: Gasthaus Karalm (fast ganzj. bew., ☎ 06243 / 29 85, hier Auskunft über Bewartung der Laufener Hütte erhältlich), Laufener Hütte (AV, bewartet Juli – 1. Sonntag im Okt., nur Getränke und Suppe erhältlich, 80 Schlafplätze, Gruppen ab ca. 5 Personen vorher anmelden, ☎ 08682 / 364, dt. Tel.-Netz!), Gsengalm (AV, bew. Mitte Juni – Ende Sept., 30 L., ☎ 0664 / 357 51 53), Karkogelhütte (bew. bei Liftbetrieb).
Variante: In Gegenrichtung etwas länger, die schwierigsten Passagen im Anstieg.

Die Route von der Laufener Hütte zur Gsengalm oder umgekehrt zählt zu den technisch schwierigsten Vorschlägen dieses Wanderführers und ist zusammen mit den Touren 42 bzw. 40 in eine zweitägige Unternehmung

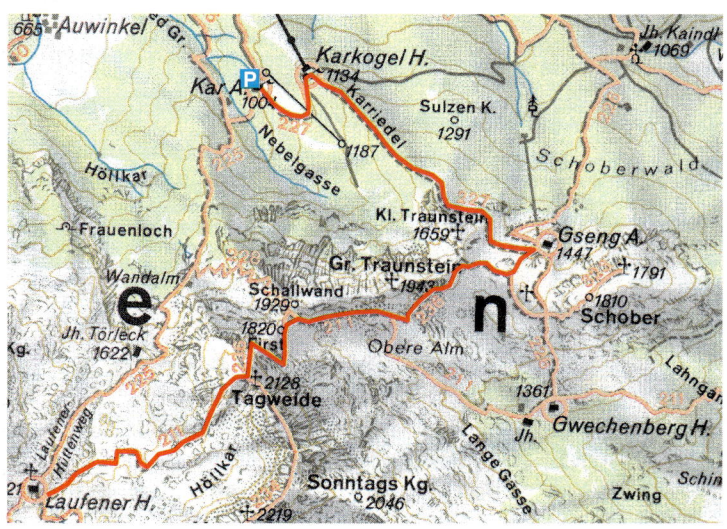

Hochkarfeldköpfe, Tagweide und Großer Traunstein (von links) vom Schober.

eingebunden. Von konditionsstarken Bergwanderern wird sie auch an einem Tag – meist mit Hilfe des Karkogellifts über die Gsengalm – bewältigt. Wegen der höheren Ausgangslage wird die Laufener Hütte als Startpunkt vorgeschlagen. Vor Antritt der Tour ist jedoch deren Bewartung abzuklären.

Gleich hinter der **Laufener Hütte** steigt man in eine Grube ab (Wegverzweigung) und hält sich dort an den linken Pfad, der sich als *Weg 211* wellig und windungsreich durch reichgegliedertes Karst- und Latschengelände zum markanten Rücken des »Pfannenstiel« bahnt. Hier wird das Gelände schwieriger. Der Steig zieht zunächst schräg links hinauf, umgeht eine Felsschulter von rechts her und führt dann über einen Grasrücken zur Grathöhe und am westl. Rande einer Mulde rechts zum weithin sichtbaren Gipfelkreuz der **Tagweide**. Am östlichen Muldenrand und über gestufte Grasrücken steigt man nordwärts ab, verfolgt ein kurzes Stück einen Grat, ehe der Steig rechts in die Steilflanke ausweicht, durch eine Rinne hinabführt und darunter links über Felsbänder (einige Drahtseile) und einen Grashang die Scharte des **First** erreicht. Die schwierigsten Passagen sind nun überwunden.

Rechts geht es in Serpentinen über einen Grashang zu einer Verzweigung hinab und am linken, stärker ausgetretenen *Steig 236* wie bei Tour 41 am Sockel der Schallwand und des Großen Traunstein entlang zur **Gsengalm**. Auf *Weg 227* quert man mit kleinem Gegenanstieg westwärts durch zwei Karmulden unterm Kleinen Traunstein entlang, ehe das Gelände über den bewaldeten Karriedel immer steiler zum **Karkogellift** (Sommerrodelbahn) abfällt. Zwischen den beiden Gebäuden wandert man auf breitem Weg links zu einem Gatter und dahinter am Waldrand zur **Karalm** und ggf. nach Abtenau hinab, sofern man nicht der Sommerrodelbahn den Vorzug gibt.

44 Vom Hornspitz zur Zwieselalmhöhe

Prachtvolle Höhenwanderung zum Gosaukamm

Hornbahn-Bergstation – Ameisensee – Zwieselalm – Zwieselalmhöhe und zurück – Edtalm – Hornspitz – Hornbahn (– Rußbach)

Talort: Rußbach am Paß Gschütt, 813 m.
Ausgangspunkt: Hornbahn-Bergstation (ca. 1410 m, Sommerbetrieb Ende Mai – Anf. Okt., So., Mo., Do., Fr. 9.00 – 17.00 Uhr, halbstündlich, ✆ 06242 / 440).
Gehzeiten: Bergstation – Ameisensee gut 1 Std., Ameisensee – Zwieselalm ¾ Std., Zwieselalm – Zwieselalmhöhe und zurück ca. ¾ Std., Zwieselalm – Edtalm ½ Std., Edtalm – Bergstation 1¼ Std., Hornspitz und zurück ca. ¼ Std., Bergstation – Rußbach 1 Std.; Gesamtgehzeit: 5½ Std., nur Edtalm und zurück 2¼ Std. ab Bahn.
Höchste Punkte: Hornspitz, 1433 m; Zwieselalmhöhe, 1587 m.
Höhenunterschied: Zwieselalmhöhe 500 m; Edtalm ca. 200 m.
Anforderungen: Bequeme Almstraßen und gut beschilderte Wanderwege.
Einkehrmöglichkeiten: Edtalm (bew. Mitte Juni – Ende Sept., davor und danach nur an schönen Wochenenden, 25 L., ✆ 0663 / 060183), Zwieselalm (bew. Mitte Juni – Anf. Okt., 17 B., 28 L.), Sonnenhof, Franzlalm (fast ganzj. bew.).
Sehenswertes: Gosausee mit Dachstein, Wildgehege bei der Franzlalm.

Die Rußbacher Hornbahn macht's möglich, daß der Wanderer »Rund um Salzburg« sogar nahe an den Vorderen Gosausee mit seiner berühmten Dachsteinkulisse herankommt. Die Zwieselalmhöhe beschert dieses »Kalenderbild« nach gut zweistündiger Höhenwanderung. Begnügt man sich allerdings – wie die meisten Besucher – nur mit der Edtalm, läßt man sich eine echte Augenweide entgehen.

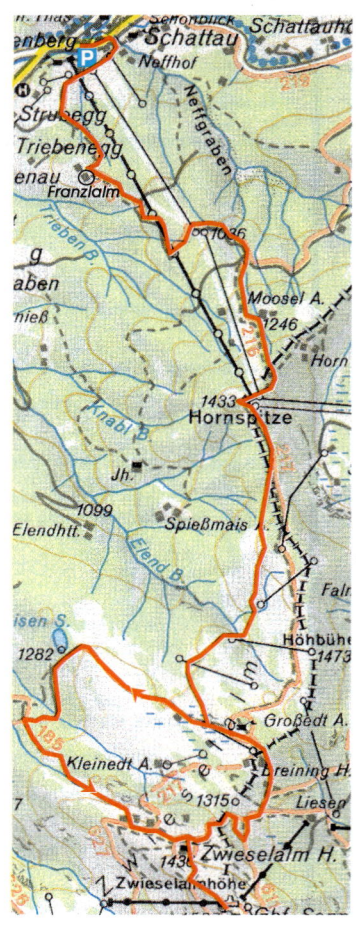

Ausblick von der Zwieselalmhöhe zum Dachstein und Vorderen Gosausee.

Von der **Bergstation** wandert man in langgezogenem, leichtem Gefälle südwärts in Richtung Edtalm und an der Straßengabelung vor derselben rechts zum »Landschaftsschutzgebiet **Ameisensee**« (¼ Std., Abstecher zum waldumsäumten See rechts der Straße ist möglich, z.T. morastig). Auf der Straße noch knapp 10 Min. weiter, bis links ein Schild zur »Zwieselalm« (Weg *215, 185*) weist. Durch Wald, über eine Lichtung, an einem Graben entlang und durch eine schöne Almmulde gelangt man auf einen Sattel mit der **Zwieselalm**. Unmittelbar davor zweigt rechts der Weg zur »Aussicht« (**Zwieselalmhöhe**) ab. Wieder zurück zur Zwieselalm geht es über einen Boden ostwärts zu einer Weggabelung, dort links in Richtung »Hornspitz, Rußbach«. Man wandert kurz an einer Skiabfahrt entlang, dann im Wald in einen Sattel hinab und über diesen vollends hinweg zur zweiten (!) Verzweigung. Hier biegt man erst links ab (Ww. *»Rußbach über Edtalm, Hornspitz«*) und gelangt leicht steigend über eine von Hütten besetzte Mulde und einen weiteren Sattel zur **Edtalm**. Von hier läuft man am einfachsten auf der Straße zur **Bergstation** zurück. Kurz davor kann man links über einen unschwierigen Grasrücken dem **Hornspitz** noch einen Besuch abstatten. Wer zu Fuß nach **Rußbach** absteigen will, wandert auf dürftigen Pfadspuren im wesentlichen am rechten Rand der Skiabfahrt entlang (*Weg 215, 216*) bis zur zweiten Forststraße hinab, auf dieser links zur **Franzlalm** weiter und auf einem steilen Sträßchen nach Rußbach zurück.

45 Bodenberg und Rinnbergalm

Bequeme Almwege auf einen vielgepriesenen Aussichtspunkt

Rußbach – Bodenbergalm – Bodenberg – Rinnbergalm – Rußbach

Talort/Ausgangspunkt: Rußbach am Paß Gschütt, 813 m. Gute Parkmöglichkeit am Eingang ins Rinnbachtal. Anfahrt: Hinter der Kirche links (Ww. »Rinnberg«), dann noch ca. 700 m bis hinter die Rinnbachbrücke.
Gehzeiten: Rinnbachbrücke – Bodenbergalm 2 Std., Bodenbergalm – Bodenberg ca. 20 Min., Bodenberg – Rinnbergalm 1¼ Std., Rinnbergalm – Rinnbachbrücke 1 Std.; Gesamtgehzeit: 4½ – 5 Std.
Höchster Punkt: Bodenberg, 1523 m.
Höhenunterschied: Ca. 700 m.
Anforderungen: Waldsteig zur Bodenbergalm (stellenweise feucht), dann Straße und Wiesenweg zum Gipfel. Nur mäßig steigende Forststraße von Rußbach über Rinnbergalm zum Bodenberg (Abstiegsroute).
Einkehrmöglichkeiten: Rinnbergalm (bew. Juni mit Sept.).
Sehenswertes: Rinnbachtal und Aussicht vom Bodenberg.
Varianten: 1. Von Rußbach zur Rinnbergalm und zurück (Rinnbergstraße Weg 203 bzw. Mitterweg 202, bequeme und beliebte Wanderung, ca. 2½ Std. hin und zurück).
2. In Gegenrichtung auf mäßig steigender

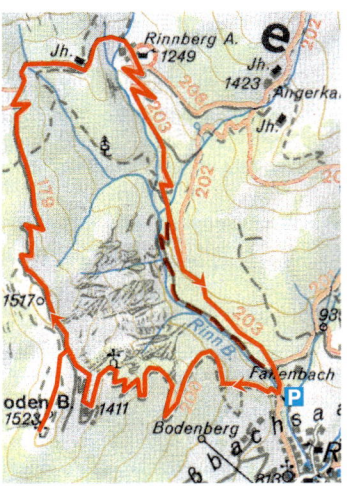

Forststraße zum Bodenberg, Anstieg ca. ½ Std. länger und bequemer.

Das am unscheinbaren Bodenberg aufliegende Gipfelbuch kündigte 1996 seitenweise vom Gipfelglück der Wanderer auf diesem Berg. Der folgende Eintrag gibt den Grundton vor: »Wer in Rußbach war und nicht am Bodenberg, hat etwas Wunderschönes versäumt.«
Unmittelbar an der **Rinnbachbrücke** (Dorfseite) zweigt der *Weg 200* zum Bodenberg ab. Er überwindet, geschickt die Geländestrukturen nutzend, die steile, bewaldete Ostflanke des Berges in weiten Schleifen und angenehmer Steigung. In der Nähe eines Bildstockes tritt der Weg auf die Terrasse der unbewirtschafteten **Bodenbergalm** hinaus. Das Gipfelkreuz des Bodenberges wird sichtbar und gibt die Richtung an. Von der Hütte wandert man über die Kehren einer Forststraße auf ein Plateau, dann auf einem dürftigen, aber unschwierigen Wiesensteig entlang eines Kammes links zu einer Antennenanlage und durch eine Mulde zum Gipfelkreuz. Ostwärts geht es wieder zur Straße zurück und auf dieser zunächst eben, dann mäßig fallend und z.T. in

vielen Windungen nordwärts zu einer Weggabelung in einem Sattel und dort rechts zur **Rinnbergalm** hinab. Auf der Straße läuft man schließlich durch das **Rinnbachtal** zum Parkplatz bzw. nach Rußbach hinaus. Auf etwa halber Distanz kann man vom Fahrweg ausscheren und links davon über den sog. *Mitterweg Nr. 202* zum **Ausgangspunkt** zurückkehren.

Bodenbergalm und Dachstein.

46 Traunwandalm und Gamsfeld

Auf den Paradegipfel der Osterhorngruppe

Rußbach – Traunwandalm – Gamsfeld – Angerkaralm – Rußbach

Talort/Ausgangspunkt: Rußbach am Paß Gschütt, 813 m. Gute Parkmöglichkeit am Eingang ins Rinnbachtal. Anfahrt: Hinter der Kirche links (Ww. »Rinnberg«), dann noch ca. 700 m bis hinter die Rinnbachbrücke.

Gehzeiten: Rußbach – Traunwandalm 1¾ Std., Traunwandalm – Gamsfeld 2¼ Std., Gamsfeld – Angerkaralm 1¼ Std., Angerkaralm – Rußbach 1¼ Std.; Gesamtgehzeit: ca. 6½ Std.

Höchster Punkt: Gamsfeld, 2027 m.

Höhenunterschied: 1200 m.

Anforderungen: Bergsteige, die ausreichende Sicht, Ausdauer und phasenweise auch Trittsicherheit erfordern. Die Angerkar-Route ist etwas leichter (S. »blau – rot«) und am Morgen länger im Schatten.

Einkehrmöglichkeiten: Angerkaralm (bew. Mitte Juni – Mitte Sept.).

Sehenswertes: Gamsfeld-Panorama. Enzianblüte im Angerkar (Juni).

Variante: Von der Traunwandalm in ca. 1 Std. auf Weg 206 links an steilen, süd- und westseitigen Weide- und Waldhängen entlang, (S. »rot«), zuletzt ca. ¼ Std. Gegenanstieg zur Angerkaralm, Abstieg auf Weg 202 wie beschrieben (insgesamt 4 Std.).

Das Gamsfeld, die dominierende Berggestalt über Rußbach, ist der höchste Gipfel der Osterhorngruppe, er verfügt als solcher über einen beachtlichen Aussichtswert und lockt im Sommer Wanderer und im Winter Tourengeher gleichermaßen an. Für den ausdauernden, trittsicheren Bergwanderer bietet sich eine lohnende Überschreitung.

Von der **Rinnbachbrücke** noch ca. 150 m bis zu einer Straßengabelung, hier rechts und auf der Asphaltstraße gut 10 Minuten bis zu einer Brücke (Viehsperre). Davor zweigt links der breite Almweg *Nr. 201* zur **Traunwand** und zum Gamsfeld ab. Man durchquert zuerst einen Waldgürtel und steigt dahinter mit reizvollem Blick zum Dachstein und Gosaukamm über steile Weidehänge zu der schon von Rußbach aus sichtbaren **Traunwandalm** an. Kurz vor der mittleren von drei Hütten gabelt sich der Almweg. Die rechte Spur führt zu einem kleinen Graben mit Quelle, wo der Steig zum Gamsfeld

Rußbach mit dem Gamsfeld und der Anstiegsroute über die Traunwandalm.

abzweigt und sich kurzzeitig zu verlieren scheint. Er führt rechts des Grabens zu zwei Fichten hinauf und rechts des Waldes zu einem von Fichten durchwachsenen Latschengürtel weiter, wo er nun wieder gut zu erkennen ist. Im Wechsel von Latschengassen, Grasrippen und schütterem Fichtenbestand zieht der Steig bergwärts und quert oberhalb einer brüchigen Steilstufe nach links, ehe er über ausgedehnte, felsdurchsetzte Schafweiden die **Kammhöhe** erreicht. Hier mündet auch die Route über das Angerkar ein, mit der man gemeinsam entlang des Kammes dem **Gamsfeld** zustrebt.

Der **Abstieg** durch das Angerkar verläuft zunächst am Kamm zurück, wendet sich dann rechts und erreicht vorübergehend auf undeutlichen Pfadspuren über unschwierige Matten und einen kurzen Grat eine **Scharte**. Ein schotteriger Steig leitet links in das **Angerkar** hinab und durch gestufte Gras- und Latschenmulden zur gleichnamigen Alm weiter. Auf einer Forststraße oder auf dem Wanderweg steigt man zu einer Wergverzweigung ab und folgt dort dem *Weg 202* nach **Rußbach**. Er führt durch lichten Wald in einen Graben und zu einem kleinen Boden hinab, links auf einer langen, z.T. feuchten Waldrampe entlang (Mitterweg), mündet zuletzt in ein Forststräßchen und führt auf der eingangs benützten Asphaltstraße zum **Parkplatz** zurück.

47 Schellenberger Eishöhle

Besuch der größten Eishöhle Deutschlands

Paßthurm – Toni-Lenz-Hütte – Schellenberger Eishöhle und zurück

Talort: Marktschellenberg, 480 m.

Ausgangspunkt: Paßthurm bei Marktschellenberg, 471 m. Anfahrt über Tauernautobahn, Ausfahrt Salzburg-Süd, dann in Richtung Berchtesgaden. Großer Parkplatz 700 m hinter der deutschen Grenzstation beim Paßthurm.

Gehzeiten: Paßthurm – Toni-Lenz-Hütte knapp 3 Std., Toni-Lenz-Hütte – Eishöhle 20 Min., Führung durch die Eishöhle ½ – ¾ Std., Eishöhle – Parkplatz 2½ Std.; Gesamtgehzeit: gut 7 Std.

Höchster Punkt: Eingang zur Eishöhle, 1570 m.

Höhenunterschied: Knapp 1200 m incl. Höhlenbegehung.

Anforderungen: Breiter Wanderweg zur Toni-Lenz-Hütte und zum Höhleneingang, im oberen Drittel sehr sonnig, deshalb früher Aufbruch empfehlenswert. 500 m langer,

gut gesicherter Führungsweg in der Eishöhle (Trittbretter), Höhlentemperatur um 0 Grad, deshalb warme Kleidung mitnehmen! Führung von Pfingsten – Ende Okt. täglich von 10.00 – 16.00 Uhr jeweils zur vollen Stunde (Sammelplatz vor dem Höhleneingang).

Einkehrmöglichkeiten: Toni-Lenz-Hütte (privat, bew. Pfingsten – Ende Okt., ca. 20 Schlafplätze, an Wochenenden oft stark belegt, Funk 01611 / 815 987, dt. Tel.-Netz).

Sehenswertes: Schellenberger Eishöhle (»G«), Bergpanorama, Schlucht des Rothmannbaches, Thomas-Eder-Steig (siehe Variante).

Variante: Zugang zur Eishöhle von der Untersbergbahn (✆ 06246 / 724 77) über Salzburger Hochthron – Mittagsscharte – Thomas-Eder-Steig (kürzer, aber schwieriger, 1½ Std., S. »rot«).

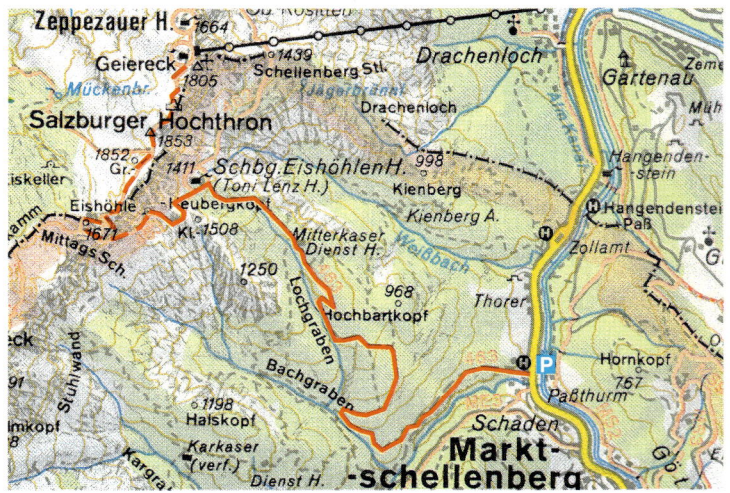

118

Eissäulen in der Eingangshalle der Schellenberger Eishöhle.

Die Schellenberger Eishöhle, schon vor langer Zeit von Jägern und Hirten entdeckt, wird seit 1874 erforscht. Es ist besonders der Initiative des Schellenberger Kaufmanns Thomas Eder zu verdanken, daß sie seit 1925 als Schauhöhle zugänglich ist und daß der großartige, zwischenzeitlich nach ihm benannte Felsensteig zur Mittagsscharte errichtet wurde. Die in mehrere unterschiedlich große Hallen gegliederte, mit Eissäulen und -wänden ausgestattete Höhle birgt schätzungsweise 60 000 Kubikmeter Eis, das bis zu 3000 Jahre alt und bis zu 30 m dick ist. Der tiefste für den Besucher zugängliche Punkt liegt 55 m unter dem Höhleneingang. Im Schein des Magnesiumlichtes entwickeln die verschiedenen Eisgebilde ihren ganzen Zauber und lassen die Sage von dem im Untersberg ruhenden Kaiser Karl in besonderem Licht erscheinen.

Vor dem **Paßthurm** auf einer Nebenstraße (*Weg 463*) bis zu ihrer Rechtskehre, dann auf breitem, gut markiertem Wanderweg – mal hoch über der Schlucht, mal in der Nähe des Rothmannbaches – in weiten Schleifen entlang eines Rückens und Kammes durch herrlichen Bergwald und an einigen verfallenen Almen vorbei in Richtung »*Eishöhle*«. Nach zwei Dritteln des Weges lichtet sich der Wald, und der Weg führt über einen strauchbewachsenen Riedel, durch eine Bachmulde und zuletzt durch einen Latschengürtel zur **Toni-Lenz-Hütte**. Dahinter geht's im Linksbogen durch ein Kar zu einem markanten Eck und zu einer Weggabelung vor dem Heubergkopf (Kreuz). Über den rechten Pfad erreicht man in wenigen Minuten den **Sammelplatz** vor dem Eingang in die größte Eishöhle Deutschlands. Nach der Höhlenführung wandert man am Anstiegsweg ins Tal zurück.

48 Geiereck und Salzburger Hochthron

Über den Dopplersteig und Reitsteig zum Untersberg

Glanegg/Rositten – Dopplersteig – Zeppezauerhaus – Geiereck – Salzburger Hochthron – Zeppezauerhaus – Reitsteig – Rositten

Talort: Grödig, 456 m.

Ausgangspunkt: Glanegg, Waldparkplatz an der Rosittenstraße, 465 m. Anfahrt über Autobahnausfahrt Salzburg-Süd – Grödig – Glanegg, noch ca. 200 m weiter in Richtung Fürstenbrunn, dann links in die Rosittenstraße (Ww. »Dopplersteig, Reitsteig«).

Gehzeiten: Parkplatz in der Rosittenstraße – Dopplersteig – Zeppezauerhaus 3½ Std., Zeppezauerhaus – Untersbergbahn-Bergstation – Geiereck ½ Std., Geiereck – Salzburger Hochthron ca. ¼ Std., Hochthron – Bergstation – Zeppezauerhaus knapp ½ Std., Zeppezauerhaus – Reitsteig – Parkplatz 2 Std.; Gesamtgehzeit: 6½ – 7 Std. Verteilung der Tour auf 2 Tage mit Nächtigung auf dem Zeppezauerhaus empfehlenswert. Bei Benützung der Seilbahn ab St. Leonhard insgesamt nur ca. 3 Std.

Höchste Punkte: Geiereck, 1805 m; Salzburger Hochthron, 1853 m.

Höhenunterschied: 1400 m incl. kleiner Gegenanstiege im Gipfelbereich, 1200 m bis Zeppezauerhaus; bei Benützung der Seilbahn knapp 100 m. Fahrzeiten der Seilbahn: März mit Juni um Okt. 9.00 – 17.00 Uhr, Juli mit Sept. 8.30 – 17.30 Uhr halbstdl., ✆ 06246 / 724 77.

Anforderungen: Für den Dopplersteig und Reitsteig benötigt man gute Kondition, Trittsicherheit und stellenweise auch Schwindelfreiheit. Der Dopplersteig ist insgesamt schwieriger als der Reitsteig (nur für Geübte mit alpiner Erfahrung, nicht bei Nässe oder Vereisung!). Beide Steige zusammen weit über 4000 künstliche Stufen.

Einkehrmöglichkeiten: Zeppezauerhaus, 1664 m (AV, bew. Anfang Mai bis 26. Okt., 40 L. + 15 B., ✆ 0663 / 660 35), Restaurant an der Bergstation der Untersbergbahn (bew. während des Seilbahnbetriebs).

Sehenswertes: Tiefblick auf Salzburg, ins Salzachtal und aufs Alpenvorland, Schlucht des Rosittenbaches vom Dopplersteig, Gipfelpanorama. Freilichtmuseum Großmain.

Dopplersteig und Reitsteig, zwei klassische und beliebte Anstiege zum Zeppezauerhaus und zum Salzburger Hochthron am Untersberg, haben beide den gleichen Ausgangspunkt. Der etwas schwierigere und landschaftlich noch schönere Dopplersteig gilt als reiner Sommerweg. Den Anstieg auf das

Am Dopplersteig, im Bereich der langen Treppenpassage.

Geiereck am Untersberg kann man auch mit Hilfe der Seilbahn ab St. Leonhard zurücklegen. Im folgenden wird der Dopplersteig im An- und der Reitsteig im Abstieg vorgestellt.

Vom **Parkplatz** auf dem Sträßchen an einigen Häusern vorbei zu einer Brücke, wo die beiden Routen verzweigen. Der *Dopplersteig 460* führt links über den Bach zu einem alten Steinbruch, daran rechts vorbei und zuerst über viele Stein- und Betonstufen (Drahtseil), dann über der Schlucht des Rosittenbaches entlang auf einen Boden. Dahinter wechseln viele hundert Holzstufen mit Gehgeländer ab, ehe der Steig hinter mehreren Wasserrunsen den schönen Mischwaldgürtel verläßt und in einem Kar eine Wegverzweigung erreicht. Rechts geht es in Serpentinen zum Felssockel hinauf, daran mit Hilfe einer Drahtseilsicherung entlang und über mehr als 500 Stufen durch eine Steilmulde auf eine Schulter (Kreuz). Bald darauf mündet von rechts der Reitsteig ein. Auf breitem Weg strebt man über Latschenhänge dem nun sichtbaren **Zeppezauerhaus** und der **Bergstation** der Seilbahn zu. Von dieser führt ein straßenbreiter Wanderweg zum Metallgitterkreuz am **Geiereck** und durch zwei Mulden südwestwärts zum Kreuz am **Salzburger Hochthron**. Auf der Anstiegsroute geht's über das **Zeppezauerhaus** zur Verzweigung der beiden Steige zurück. Die linke Route (*Reitsteig Nr. 417*) führt bald darauf über einen Geländesprung hinab (»Steinerne Stiege«, Drahtseile) und – mit Blick auf Salzburg – in vielen Windungen zunächst im lichten, nach einer freien Passage im dichten Wald zum **Parkplatz** ins Tal.

Hinweis für Seilbahnbenutzer: Rückfahrt mit Buslinie 60 etwa halbstündlich von Glanegg (Straßengabelung) zur Talstation in St. Leonhard.

49 Dreisesselberg, 1680 m

Zur Schlafenden Hexe und zur Steinernen Agnes ins Lattengebirge

Waldparkplatz – Rotofensattel – Steinerne Agnes/Jagdhütte – Dreisesselberg – Steinerne Agnes – Panoramaweg Hallthurm – Parkplatz

Talorte: Bayerisch Gmain, 524 m; Bischofswiesen, 615 m.

Ausgangspunkt: Waldparkplatz bei Hallthurm, 695 m. 600 m südlich des Bahnübergangs von Hallthurm liegt rechts ein ganz versteckter, unbeschilderter Parkplatz.

Gehzeiten: Parkplatz – Rotofensattel 1¾ Std., Rotofensattel – Steinerne Agnes/Rotofen-Jagdhütte gut ½ Std., Steinerne Agnes – Dreisesselberg 1½ Std., Dreisesselberg – Steinerne Agnes – Panoramaweg Hallthurm gut 1½ Std., Panoramaweg – Parkplatz ca. ¾ Std.; Gesamtgehzeit: 6 – 6½ Std.

Höchster Punkt: Dreisesselberg, 1680 m.

Höhenunterschied: Gut 1100 m, da mehrere kleine Gegenanstiege.

Anforderungen: Steige über weite Strecken S »blau«, kurzzeitig »rot«. Mit Ausnahme der Abstiegsroute nach Winkl gut beschildert und markiert, Abstieg nur beschildert, kaum markiert, aber gut erkennbar.

Einkehrmöglichkeiten: Keine!

Sehenswertes: Gipfelpanorama, Steinerne Agnes, Freilichtmuseum Großgmain.

Varianten: Vom Dreisesselberg wahlweise zum Karkopf (1738 m), Hochschlegel (1688 m) oder Predigtstuhl (1613 m, Seilbahn von Bad Reichenhall), ¾ – 1½ Std. je nach Ziel; gut markiert und vielbegangen.

Wer sie aus der Autobahnperspektive im Bereich der Ausfahrt Bad Reichenhall einmal entdeckt hat, wird immer wieder auf sie aufmerksam. Gemeint sind die Felsstrukturen bei den Rotofentürmen, die als »Schlafende Hexe« mit dem Kopf nach unten auf dem Lattengebirge zu ruhen scheinen. Neben der Predigtstuhlbahn führen auch einige Wanderwege auf die Gipfel dieses kleinen Gebirgszuges.

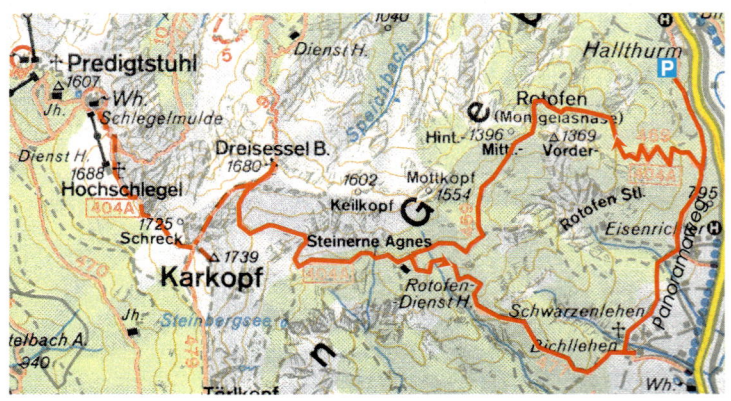

Die Steinerne Agnes, dahinter Watzmann (links) und Hochkalter (Mitte).

Vom Parkplatz auf der Forststraße ca. 10 Minuten bergwärts, bis rechts der *Waldsteig Nr. 12* zum »Rotofensattel 1½ Std., Dreisesselberg 3½ Std.« abzweigt. Dieser führt zunächst in weiten Schleifen und angenehmer Steigung zu einem Absatz (Marterl), dann lange Zeit steiler, von einer Hangquerung unterbrochen, zu einem Aussichtspunkt. Links geht es weiter auf den **Rotofensattel** und dahinter längere Zeit wellig an einem lichtbewaldeten Südhang entlang, bis von links der Steig von **Winkl** einmündet, auf dem später der Abstieg erfolgt. Kurz danach ist links unten die verschlossene Rotofen-Jagdhütte (offener Unterstand im Anbau) zu sehen, und von rechts oben schaut durch das Blätterdach immer wieder das seltsame Felsgebilde der **Steinernen Agnes** herab. (Zugang über einen etwas beschwerlichen Steig durch eine Latschengasse und eine brüchige Rinne. Besteigung nur in Kletterei, nicht für Wanderer!) Am folgenden Geländesprung steigt man erst ein Stück ab, quert anschließend über zwei Rinnen und eine Waldrampe zu einer Lichtung, schwenkt hier rechts zu einem Karkessel hinauf und zieht auf dessen linker Seite im Bogen auf einen flachen Sattel (Weggabelung) und rechts durch ein Latschenfeld auf den **Dreisesselberg**.

Der **Abstieg** zur genannten Wegverzweigung erfolgt auf der bereits bekannten Anstiegsroute. Wer nicht über den Rotofensattel zum Parkplatz zurückkehren will, folgt hier rechts der unwesentlich längeren Route in Richtung »**Bh'stat Winkl 477**«. Der Steig führt über eine zwischen zwei Gräben liegende Waldrippe und ist eine gleichwertige Alternative zur Anstiegsroute. Er mündet in einen breiten Waldweg und führt links um den »Panoramaweg Hallthurm« hinab. Auf diesem geht es erneut links weiter, sodann über einige Gräben hinweg und zumeist am Waldrand entlang, schließlich in kleinem Gegenanstieg links zu einer Forststraße, die zum **Parkplatz** hinabführt.

50 Steineralm und Hochstaufen

Bequeme Almwege – alpine Bergpfade

Aufham/Waldparkplatz – (Steineralm –) Reichenhaller Haus am Hochstaufen – Steineralm – Aufham

Talort/Ausgangspunkt: Aufham – Waldparkplatz, gut 550 m. Anfahrt: Autobahnausfahrt Bad Reichenhall, dann rechts 3,0 km nach Aufham (Richtung Teisendorf), hier erste Einfahrt links, Kirchenstraße, dann rechts Staufenstraße, hinter der Brücke 100 m links zum Waldparkplatz.

Gehzeiten: Waldparkplatz – Weggabelung vor der Steineralm 1¾ Std., Steineralm – Hochstaufen/Reichenhaller Haus gut 2 Std., Hochstaufen – Steineralm 1½ Std., Steineralm – Aufham 1¼ Std.; Gesamtgehzeit: Hochstaufen ca. 6½ Std., Steineralm ca. 3 Std.

Höchster Punkt: Hochstaufen, 1771 m.

Höhenunterschied: Steineralm ca. 600 m, Hochstaufen ca. 1250 m incl. Gegenanstiege.

Anforderungen: Forststraße (und Wanderwege) zur Steineralm (S. »blau«), alpiner Felsensteig mit mehreren Drahtseilpassagen zum Hochstaufen (feste Schuhe, gute Kondition, Trittsicherheit und auch Schwindelfreiheit erforderlich, S. »rot«).

Einkehrmöglichkeiten: Steineralm (bew. Pfingsten – 2. Oktoberwochenende, 32 L., ✆ 08651 / 1201 dt. Tel.-Netz), Reichenhaller Haus (1750 m, AV, bew. Anf. Mai – Mitte Okt., 6 B., 24 L., ✆ 08651 / 55 66 dt. Tel.-Netz).

Sehenswertes: Steineralm, Höglwörth (4 km von Aufham in Richtung Teisendorf, kl. See mit prächtiger Klosterkirche, halbstündiger, lohnender Rundweg um den reizvollen See, Weg Nr. 5).

Variante: Zugang zur Steineralm auch von Urwies in etwa gleicher Zeit möglich.

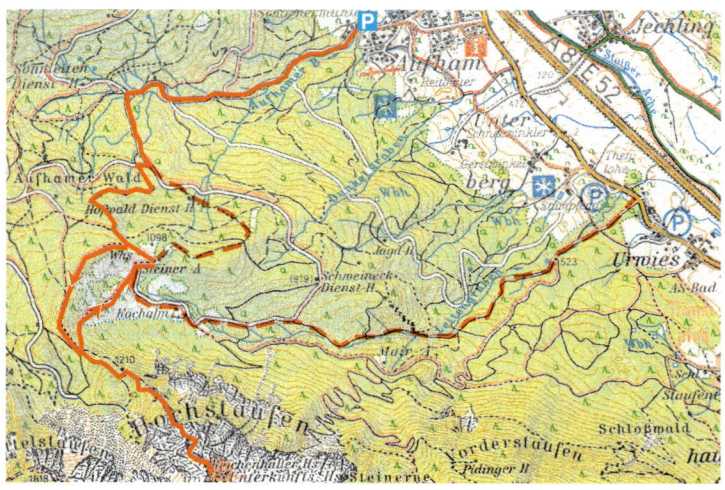

Gipfelrast am Hochstaufen, im Hintergrund der Zwiesel.

Der Hochstaufen, ein beliebter Aussichtsberg am Nordsaum der Kalkalpen und ganz auf bayerischem Boden gelegen, zählt zu den Hausbergen des Ruperti-winkels. Wenige Minuten unter seinem Gipfel klebt das Reichenhaller Haus wie ein Schwalbennest auf einem Felsensims. Wer sich die steilen Felsenpfade dorthin nicht zutraut, findet in der Steineralm ein lohnendes Teilziel.

Vom **Parkplatz** auf der Forststraße in rund 1 Stunde rechts des von zahlrei-chen Sperren gezähmten Aufhamer Baches zu einer Kreuzung hinauf und links weiter zu einer Straßengabelung. Der gerade Straßenast führt in einer weiteren Stunde zur Steineralm. Die kürzere Route folgt dem rechten Stra-ßenast ca. 100 m und zweigt dann auf einem alten Almweg links ab. Sie zieht in zwei weiten Schleifen durch den Bergwald zu einer Verzweigung hinauf und erreicht in Kürze zur Linken den Waldrand (Bank) mit freiem Tiefblick zur **Steineralm.** Zum Hochstaufen geht man auf der Anhöhe besser rechts weiter, verfolgt einen ausgeprägten Rücken entlang einer Schneise zu einem Zaun. Hier mündet der Weg von der Steineralm ein. Hinter dem Zaun geht es links zum Hochstaufen. An einen breiten Wanderweg schließt sich ein Steig über eine bewaldete Rippe an, der oberhalb der Waldgrenze alpines Gelän-de betritt. Die stellenweise seilgesicherte Route verläuft zuerst rechts (west-lich), im mittleren Abschnitt links und zuletzt wieder rechts eines Felskam-mes, der sich durch recht unterschiedliche Festigkeit auszeichnet. Felsdurchsetzte, wellige Matten breiten sich zuletzt zum Gipfelkreuz hin. Links desselben geht es in wenigen Minuten zum Reichenhaller Haus hinab. Der Rückweg erfolgt bis zur großen Wegverzweigung beim Weidezaun auf der Anstiegsroute. Hinter dem Hindernis folgt man dem rechten Weg durch Wald und Wiesenmulden zur **Steineralm**. Gleich hinter der Hütte schlägt man die Route »*Aufham, Anger*« ein und kehrt auf dem Anstiegsweg zum **Waldparkplatz** zurück.

Mehrtägige Rundtouren

Im folgenden Abschnitt werden vier mehrtägige Rundtouren vorgestellt. Soweit Teilabschnitte in den beschriebenen Wanderrouten bereits enthalten sind, wird darauf verwiesen, soweit es sich um neue Streckenabschnitte handelt, werden diese charakterisiert und kurz beschrieben. Die Auflistung erfolgte nach geografischen Gesichtspunkten, die angegebenen Zeiten sind reine Gehzeiten.

1. Über den Untersberg – 2 Tage – S. »rot«

1. Tag: Von Glanegg/Rositten über den Doppler- bzw. Reitsteig zum Zeppezauerhaus (wie Tour 48), 3½ Std.

2. Tag: Zeppezauerhaus – Geiereck – Salzburger Hochthron – Mittagsscharte – Thomas-Eder-Steig – Schellenberger Eishöhle – Toni-Lenz-Hütte – Schellenbergsattel - Dopplersteig talwärts – Glanegg.
Insgesamt 5 – 5½ Std. incl. Höhlenführung. Vom Zeppezauerhaus wie Tour 48 zum Salzburger Hochthron, wie Variante von Tour 47 zur Eishöhle, wie Tour 47 Höhlenführung und Abstieg zur Toni-Lenz-Hütte. Kurz unter der Hütte links abzweigen, auf Weg 462 am Fuß der Untersberg-Südwand ostwärts, über den Schellenbergsattel zu einer Weggabelung im dahinterliegenden Kar, hier rechts und auf dem Dopplersteig wie Tour 48 ins Tal.

2. Über den Hohen Göll – 3 Tage – S. »schwarz«

Nur für ausdauernde und geübte Bergsteiger, schwieriger als alle Tourenvorschläge dieses Wanderführers.

1. Tag: Parkplatz am Eingang ins Bluntautal – Gollinger Wasserfall – Schwalberbauer in Gasteig – Dürrfeichtenalm – Eckersattel – Purtschellerhaus; insgesamt 5 – 5½ Std. Vom Parkplatz nicht ins Bluntautal, sondern auf Weg Nr. 14 rechts zum Gollinger Wasserfall, dann wie Tour 30 zum Schwalberbauer. Von hier folgt man auf der ganzen Rundtour – Schneibstein ausgenommen – bis zum Parkplatz dem Weg 451. Vom Schwalberbauer wie Tour 29 zum Purtschellerhaus.

2. Tag: Purtschellerhaus – Hoher Göll – Hohes Brett – Carl-von-Stahl-Haus. Alpine Unternehmung für Geübte, Klettersteigerfahrung und stabile Wetterlage unerläßlich, ca. 6 Std. von Hütte zu Hütte. Zuerst über den Eckerfirst, dann über steiles, gestuftes und von Bändern durchzogenes Felsgelände (mehrere Drahtseilpassagen) zu einer Weggabelung. Links durch den »Kamin« oder rechts über die »Schusterroute« auf einen langgezogenen Schrofenrücken und über diesen – Unterbrechungsstelle bei einer Scharte – zum Hohen Göll (2522 m). Abstieg zum Kuchler Kreuz, Anstieg über den

Regenspitz (rechts) und Gruberhorn (links) vom Gennerhorn (siehe Tour 14 und Rundtour 4).

Brettriedel zum Hohen Brett (Route vom Hohen Göll gut einsehbar), zum Jägerkreuz hinab, dann südseitig über steile Schrofen zu den Pfaffenkegeln und über einen letzten Geländesprung zum Stahlhaus am Torrener Joch.

3. Tag: Stahlhaus – (Schneibstein und zurück –) Jochalmen – Bärenhof im Bluntautal – Bluntauseen – Parkplatz; insgesamt 6 – 6½ Std. incl. Schneibstein, nur 3½ Std. ohne Schneibstein. Bei günstiger Witterung und guter körperlicher Verfassung zuerst zum Schneibstein (2275 m, ca. 3 Std. An- und Abstieg, Variante 3 von Tour 33) und zurück zum Torrener Joch. Vom Stahlhaus wie Tour 33 ostseitig über die Jochalmen ins Bluntautal (Bärenhof) und über die Bluntauseen (wie Tour 32) zum Parkplatz am Taleingang.

3. Durchs Tennengebirge – 2 Tage – S. meist »rot«, Stellen »schwarz«
1. Tag: Abtenau/Karalm – Laufener Hütte. 2½ Std. von der Karalm, 3¾ Std. von Abtenau. Bewirtschaftung der Hütte vorher abklären (siehe Tour 42)!
2. Tag: Laufener Hütte – Tagweide – Gsengalm – Karalm/Abtenau. Insgesamt 4½ Std. bis Karalm, 5½ Std. bis Abtenau (siehe Tour 43).

4. Hohe Route über dem Tauglboden – 3 Tage – S. »rot«, Stellen »schwarz«
Ausgangs- und Endpunkt Bahnhof/Postamt Hallein, daher besonders geeignet für Bus- und Bahnreisende. Aktuelle Fahrzeiten beim FVV (siehe Talorte) erfragen.

An der Dürrfeichtenalm vor der Ostwand des Hohen Göll.

Auf der Untersberg-Überschreitung: Watzmann (rechts), Steinernes Meer und Hochkönig.

1. Tag: Wegscheid – Seewaldsee/Auerhütte – (Enzianhütte –) Wimmerhütte auf der Hintertrattbergalm. Mit regionaler Buslinie von Hallein nach Wegscheid. Von Wegscheid auf der Straße zum Seewaldsee (ca. 5½ km, siehe unter Ausgangspunkt von Tour 26). Vom Seewaldsee wie Tour 26 zur Enzianhütte, dann auf der Straße rechts zur Hintertrattbergalm (leichte Route). Alternative: Auf dem schwierigeren, etwas kürzeren Schöberlsteig nach Hintertrattberg (Variante 2 von Tour 26); insgesamt ca. 3½ Std., bei Aufenthalt am Seewaldsee entsprechend länger.

2. Tag: Hintertrattberg – Hoher First – Dürlstein – Gruberhorn – Regenspitz – Bergalm. Wie bei Tour 27 incl. Variante zum Gruberhorn, weiter wie Tour 14 zum Regenspitz, von dort wie Tour 15 zur Bergalm; insgesamt ca. 3½ Std.

3. Tag: Bergalm – Schmittenstein – Schlenken – Zillreith – Krispl. Von der Bergalm auf Weg 840 auf der Südseite des Berg- und Sattelköpfls über Bergweiden (oberhalb der Sattelalm bleiben!) zum Sattel vor dem Schmittenstein und wie Tour 18 über den Ostgrat zum Schmittenstein. Von hier wie Tour 20 zum Schlenken, dann wie Tour 19 zum Gasthaus Zillreith, abschließend auf Höhenweg Nr. 1 (über Gasthaus Alpenrose) nach Krispl; insgesamt 5 – 5½ Std. Rückfahrt von Krispl mit Bus nach Hallein.

50 Spaziergänge und Kurzwanderungen

Auf wiederholte Anregung aus dem Leserkreis werden hier im Anhang noch 50 Kurzwanderungen und Spaziergänge – vorgestellt. Die meisten sind aus den 50 ausgearbeiteten Tagestouren gewissermaßen herausgefiltert, einige ergänzen diese. Der zeitliche Rahmen dieser »Superleichten« beträgt pro Tour ohne Rast- und Fotopausen weniger als ½ bis maximal 2 Stunden. Bei fast allen Kurzwanderungen liegt ein Gasthaus entlang der Route oder in deren Nähe. Beim Besuch mancher Naturdenkmäler oder Schauobjekte wird eine Gebühr (»G«) erhoben. Eine Reihe weiterer Vorschläge ist in den Ausflugszielen der Seiten 22 – 25 enthalten.

Wanderungen mit Gehzeit bis zu ½ Stunde:
1. Schleedorf: Tiefsteinklamm (märchenhafte Klamm mit gewaltigen Sandsteinüberhängen und kleinem Wasserfall), Zufahrt ab Mattsee beschildert, beschränkte Parkmöglichkeit an der Straße.
2. Ebenau: Zum Plötz-Wasserfall (wie Variante von Tour 3).
3. Faistenau/Hintersee: Felsenbad, ein Badespaß für Kinder! (wie Tour 12 letzter Absatz, etwas Trittsicherheit erforderlich).
4. St. Jakob am Thurn: Rundweg um den Teich (wie Tour 22).
5. Golling: Egelsee: Von der Kirche ca. 300 m durch die Marktstraße nach Norden, dann rechts durch die Trögergasse zum Parkplatz. An der Panoramatafel vor (!) dem Parkplatz rechts zum »Naturpark« (Waldlehrpfad), zum »Salzburgblick« und zur »Waldkapelle« hinauf, sodann Abstieg zum Egelsee (herrlicher Seerosenteich) und links zum Parkplatz.
6. St. Koloman/Trattberg: Gitschenwand (luftiger Aussichtspunkt über dem Seewaldsee), Zufahrt zur Enzianhütte über Trattbergalm-Mautstraße wie Touren 27/28. Von der Enzianhütte zur Gitschenwand wie Variante 2 von Tour 26, ziemlich weglos, etwas Trittsicherheit erforderlich.

Wanderungen mit Gehzeit ½ – 1 Stunde:
7. Schönram: Heidewanderung im Schönramer Filz, Rundweg »H« um den Moorsee, 2,9 km lang, Waldparkplatz mit informativer Panoramatafel bei km-Marke 19,5 auf der Strecke Laufen – Schönram. Zufahrt auch über Freilassing; 1,7 km von Schönram in Richtung Abtsee.
8. Höglwörth: Seerundweg (Siehe »Sehenswertes« unter Tour 50).
9. Mattsee: Weyerbucht und Bajuwaren-Freilichtschau (»G«) – Schloßberg – Wartstein (Rundweg oder Höhenweg, beschildert, wie Tour 1).
10. Thalgau/Fuschl: Von der Jausenstation zur Ruine Wartenfels (siehe Tour 8).
11. Ebenau: Karl-Götz-Steig zum Kirchberg, Abstieg von der Hirschlacke, beschildert, etwas Trittsicherheit erforderlich (siehe Tour 4).
12. Hintersee: Hubertuskapelle (wie Variante 3 von Tour 15): Vor der Kirche

Blick vom Georgenberg auf das Salzachtal bei Kuchl und das Hagengebirge.

rechts zum Satzstein, davor links zur Hubertuskapelle (kurzer Anstieg hinter der Rechtskurve), über die Schneise weiter zur Straße, rechts zum Satzstein hinab und nach Hintersee.

13. Grödig: Gossenleierfelsen: Beim Noppinger Bräustübl von der Hauptstraße in die Kellerstraße (öffentl. Parkplatz) und zum Fuß des Berges. Hier links auf einem der beiden oberen Wege (»Gossenleierweg«) zu einer Forststraße und rechts zu einer Abzweigung auf den Aussichtspunkt »Gossenleier«. Abstieg wie Anstieg oder – etwas länger – auf der Forststraße stets rechts zur Kellerstraße hinab und auf dieser in den Ort zurück.

14. Grödig/St. Leonhard: Untersbergbahn zum Geiereck, Wanderung durch einige Gruben und über Stufen zum Salzburger Hochthron, z.T. steinig, wie Tour 48.

15. St. Koloman: Reitl – Rohrmoos (Gehöfte auf aussichtsreichen Höhen): Von der Kirche ca. 300 m in Richtung Wegscheid, dann links (Ww. »Reitl – Rohrmoos«) zu einem Bach (alte Mühle) hinab, hinter der Brücke bergwärts zu einer Schulter mit Weggabelung: rechts Rohrmoos – links Reitl (von Reitl u.U. auf Straße und auf Waldweg noch zur Wilhelmkapelle, die auf einer ca. 3000 Jahre alten Kultstätte errichtet ist). Hin- und Rückweg von Reitl bzw. Rohrmoos auf einem Sträßchen.

16. St. Koloman: Rundweg über Hohenau, von der Kirche knapp 1 km in Richtung Wegscheid, an der 3. Abzweigung rechts nach Hohenau, bei der Kapelle rechts nach St. Kolman hinab (zumeist Sträßchen).

17. St. Koloman: Rund um den Seewaldsee (siehe Variante 1 von Tour 26).

18. Kuchl: Georgenberg (Gasthaus, gotische Kirche mit Außenkanzel, reizvoller Aussichtspunkt ins Salzachtal und zum Hohen Göll) in Kuchl am großen Kreuz bei der Post vorbei, Zugang beschildert.

19. Bad Dürrnberg: Keltenlehrpfad und Fürstengrab (beschildert, »G«).

20. Golling: Gollinger Wasserfall (»G«, Zugang beschildert) und St.-Nikolaus-Kirche (siehe Tour 30 und Bild unten).

21. Golling: Bluntauseen vom Parkplatz am Taleingang und zurück (siehe Tour 32).

22. Golling: Bluntauwasserfall von der Bärenhütte (siehe Tour 32, Zufahrt wie Tour 33).

23. Golling: Salzachöfen (direkter Zugang vom Paß Lueg, beschildert, siehe Tour 35, »G«).

24. Oberscheffau: Lammeröfen, vom Gasthaus Lammerklause (beschildert) zuerst auf Wanderweg, dann auf gut ausgebautem Steig in die Lammerklamm (»G«) und zurück. Sehr kurzer Zugang in die Klamm von der Bundesstraße nach Abtenau (Parkplatz, beschildert), Regenbogen am Vormittag, am interessantesten von Oberscheffau.

25. Voglau/Pichl: Aubachfall in canyonartiger Schlucht und grandioser Felsszenerie (wie Variante von Tour 37, gesicherte Steiganlage mit über 200 Stufen).

26. Gosau: Vom Vorderen Gosausee mit Bahn zur Gablonzer Hütte und auf dem Höhenweg zum Sonnenhof und zur Zwieselalmhöhe. Rückweg wie Hinweg, etwas länger über die Zwieselalm.

Die St. Nikolaus-Kirche in Torren, rechts Schlenken und Schmittenstein.

Wanderungen mit Gehzeit 1 – 1½ Std.

27. Anthering: Von Anthering auf der Schmiedingerstraße (brauner Ww.!) 2,5 km zur Hammerschmiede (beschildert).

28. Anthering: »Lugingersee-Rundgang«: Über die »Bergstraße« auf eine Anhöhe – rechts nach Berg – Bergassing – geradeaus zum Lugingersee und zum Raggingersee (Landschaftsschutzgebiet, Zugang von Anthering beschildert, 4,5 km).

29. Hof bei Salzburg: Öko-Wanderweg und Aussichtspunkt: Vom Ortszentrum in Richtung Gasthaus Nußbaumer – davor rechts abzweigen (Ww. »Lidaun, Sattel«) und 1 km zu einem kleinen Park- und Wendeplatz – auf einer Forststraße scharf links bis auf eine Anhöhe – Abstecher nach links auf eine Aussichtsplattform (Ww. »Blick nach Hof«, zuletzt steile Metalltreppe) – auf der Forststraße noch ein kleines Stück weiter – links durch den Wald zum Nußbaumer hinab und nach Hof zurück oder zum Lidaun, ca. 1¼ Std. im Anstieg (siehe Bild S. 135).

30. Koppl: Wanderung durchs Koppler Moor auf Weg Nr. 3.

31. Gaißau: Von der Spielbergalm zur Latschenalm und zurück (Mautstraße, siehe Tour 17).

32. Gaißau: Vom Sagwirt beliebig weit ins Mörtelbachtal und zurück (Tour 18, Variante).

33. Salzburg: Gaisberg-Rundweg von der Zistelalm, Zufahrt über die Gaisbergstraße (wie Tour 5).

34. Salzburg: Kapuzinerberg: Platzl – Linzergasse – Stefan-Zweig-Weg (Kreuzweg) – Kapuzinerkloster – Mozartdenkmal – links daran vorbei und über einen asphaltierten Weg (Waldlehrpfad) zum Franziskischlößl – Rückweg am sog. Gehweg über viele kleine Steintreppen zur »Bayrischen Aussicht« und zum Kloster – dahinter links zur »Stadtaussicht« – über die Imbergstiege zur Steingasse hinab und rechts zum Platzl zurück (Stadtplan empfehlenswert).

35. Elsbethen/Glasenbach: Glasenbachklamm und zurück (wie Tour 21, Zufahrt beschildert).

36. Marktschellenberg: Almbachklamm (»G«): Vom Gasthaus Kugelmühle in die Almbachklamm bis zur Abzweigung nach Ettenberg und zurück (gute Steiganlage, Zufahrt über Tauernautobahn, Ausfahrt Salzburg-Süd, Ausgangspunkt zwischen Marktschellenberg und Berchtesgaden, beschildert).

37. Kuchl: Von Gasteig (Parkplatz beim Schwalberbauer) in die Kühschwalb und zurück (siehe Variante 2 von Tour 30).

38. Kuchl/Golling: Von Hochreith nach Bachrain und zurück (Höhenwanderung von Gasthaus zu Gasthaus, Dammwildgehege in Bachrain, wie Variante von Tour 34, bei Nässe nicht empfehlenswert).

39. Golling: Rund um den Rabenstein. Von der Marktstraße durch die Trögergasse zum Parkplatz und zum Egelsee (Seerosenteich), am linken Ufer auf Waldweg 22 stets am Sockel des Rabenstein entlang zum Gasthaus

St. Anton, auf einer Asphaltstraße zum Mitterbach hinab, nach der Brücke links, am Bach entlang zu einer alten Mühle und einem Gehöft, dort links (Rabensteinweg) zu den Tennisplätzen und zum Parkplatz zurück.

40. Oberscheffau: Waldlehrpfad: Vom Gasthaus Lammerklause auf der Bundesstraße über die nahe Lammerbrücke – rechts zur Schwarzenbachbrücke – dahinter links am Wiesenweg (»Scheffauer Waldlehrpfad«) auf eine Terrasse – ca. 20 m vor einer Kapelle links (ostwärts) zu einem Gehöft – gerade hindurch (2 Gatter) – über eine Wiese zu einer Weggabelung im Wald (Abstecher zum Winnerfall ca. 20 Min.) – links zur Alten Mühle und zur Kugelmühle hinab (im Sommer an schönen Wochenenden in Betrieb) – davor links über den Schwarzenbach – am rechten Ufer zum Englhartwirt hinaus und links nach Oberscheffau zurück.

41. Voglau/Pichl: Vom Forsthaus Pichl auf der alten Postalmstraße beliebig weit ins Aubachtal hinein (siehe Tour 37).

42. Abtenau: Egelsee-Rundwanderung (zuerst Richtung Schwimmbad, beschildert, Wege 160 – 161 – 170).

Wanderung mit Gehzeit 1½ – 2 Stunden

43. Salzburg: Über den Mönchsberg zur Festung Hohensalzburg: Augustinerkloster – Mönchsberg – Cafe Winkler und Stadtaussicht – Festung Hohensalzburg (»G«) – Abstieg über den »Festungsweg« in die Altstadt oder über den Mönchsberg zum Ausgangspunkt zurück (mehrere beschilderte Wege, Stadtplan empfehlenswert).

44. Großmain: Wanderung durch das Freilichtmuseum (»G«), Dauer des Rundgangs stark vom Aufenthalt an den einzelnen Stationen abhängig (siehe Ausflugsziele S. 22).

45. Adnet: Marmorlehrpfad für Stein- und Lehrpfadfreunde (Zugang gleich hinter der Kirche und ca. 200 m danach links, Ww. »Marmorbrüche, Marmorlehrpfad«, ca. 12 Stationen, Markierung z.T. dürftig und ausbaufähig).

46. Faistenau/Hintersee: Rund um den Hintersee (wie Tour 12).

47. St. Koloman/Trattberg: Hintertrattberg – Moosangerlalm und zurück (Mautstraße zur Trattbergalm, siehe Touren 27/28).

48. Abtenau: Au-Wasserfälle: Über den Postwirt auf Weg 110 direkt zur Aumühle und zu den Wasserfällen, beschildert. Der Zugang zum Dachserfall – an der Aumühle links! – ist leichter (siehe Tour 39, jedoch ohne Seitenalm).

Wanderungen mit Gehzeit über 2 Stunden

49. Rußbach: Rußbacher Hornbahn – Edtalm (Höhenwanderung auf einer Straße, wie Tour 44).

50. Rußbach: Zur Rinnbergalm und zurück (siehe Variante 1 von Tour 45).

Blick vom Lidaun zum (von links nach rechts) Hohen Göll, Watzmann und Hochkalter (siehe Kurzwanderung 29).

Stichwortverzeichnis

Die Zahlen hinter den einzelnen Stichwörtern verweisen auf die Touren-
nummer(n), und nicht auf die Seitenzahl. Der Verweis K bezieht sich auf
die Kurzwanderungen (Seite 130 – 134), R auf die Rundtouren
(Seite 126 – 129).